कराटे क्या है और इसे क्यों सीखें?

AF874784

भूपेन्द्र सिंह

डायमंड बुक्स

Mobile +91 9873382477
E-mail : bhupikarate@gmail.com
Web:- www.noidakarate.com
www.renbuinda.com
www.karatendia.com

ISBN :978-81-288-3389-2

प्रकाशक	:	**डायमंड पॉकेट बुक्स (प्रा.) लि.** X-30, ओखला इंडस्ट्रियल एरिया, फेज-II नई दिल्ली-110020
फोन	:	011-41611861, 40712100
फैक्स	:	011-41611866
ई-मेल	:	sales@dpb.in
वेबसाइट	:	www.diamondbook.in
संस्करण	:	2011
मुद्रक	:	जी. एस. इंटरप्राइजेज

KARATE KYA HAI AUR ISE KYON SEEKHEN?

भूमिका

भूपेन्द्र मेरे सबसे अजीज शिष्यों में से एक हैं। कराटे कला के प्रति उनकी अनवरत ज्ञान पिपाशा और हमेशा कुछ नया करने की उनकी प्रवृत्ति, उनके व्यक्तित्व का अहम् हिस्सा है। जब उन्होंने अपनी पाण्डुलिपि मुझे पढ़ने के लिए दी, तो मैं एक ही बार में पूरा पढ़ गया। वाकई भूपेन्द्र ने इस किताब में 'गागर में सागर' भरने का काम किया है। इस पुस्तक में कराटे की छोटी सी छोटी बारीकियों को जितनी सरलता से समझाने का प्रयास किया गया है वह काबिले तारीफ है।

कराटे कला का विकास मानव सभ्यता की प्रवृत्ति के साथ संघर्ष का एक अहम् हिस्सा है। कराटे कला के 'इतिहास' में इस बात को बहुत ही रोचक अंदाज में प्रस्तुत किया गया है। हर करातेका को पढ़ना चाहिए। जब तक उस विषय को जिसे आप सीख रहे हैं, उसके बारे में गहरी जानकारी नहीं रखेंगे, आप उसमें पारंगत नहीं हो सकते। इस दृष्टि से यह पुस्तक न सिर्फ 'करातेकाओं' की नजर को पैना करने का काम करेगी, वरन उन्हें कराटे कला के प्रति गहरे ज्ञान से भी लैस करने का काम करेगी।

एक और महत्वपूर्ण बात, कराटे कला हमेशा ही जाति, धर्म, लिंग व उम्र के बंधन से सदा ही दूर रही है। ज्ञान प्राप्ति के उसके रास्ते में ये चीजें कभी अवरोध नहीं बनीं। अलबत्ता उसने लोगों को मानवता से प्यार करना और तर्कशील बनना सिखाया है। इस बात को हर 'करातेका' के लिए जानना और मानना बेहद जरूरी है।

आशा ही नहीं पूरा विश्वास है कि यह पुस्तक हर व्यक्ति के लिए 'बहुआयामी मार्गदर्शक' का काम करेगी।

सेन्साई सुबोध धीमान
मुख्य प्रशिक्षक
साउथ इष्ट
ऐशिया

आमुख

कराटे का जन्म भारत की जमीन पर हुआ। यह उस जमाने की बात है जब मनुष्य की प्रकृति से जद्दोजहद आज के मुकाबले बहुत ही ज्यादा थी। मनुष्य प्रकृति के ऊपर न सिर्फ बहुत ज्यादा निर्भर था, वरन कई मायनों में वह प्रकृति का गुलाम भी था। ऐसे में उसे न सिर्फ प्राकृतिक आपदाओं से, वरन जंगली जानवरों के हमलों आदि से अपनी सुरक्षा और अपने लिए जीविकोपार्जन के साधन जुटाने के लिए बहुत ही भयंकर संघर्ष करना पड़ता था। यही वजह है कि उस समय कराटे की तरह ही अन्य बहुत सारी विधाएं मनुष्य के सम्पूर्ण क्रियाकलापों में इस तरह मिली हुई थीं कि आज यह कहना बहुत ही मुश्किल है किस समय और किस दिन इस कला का विकास हुआ? हां यह कहा जा सकता है कि प्रकृति के साथ गुलामी के बन्धन से अपने को आजाद कराने के दौरान ही, अन्य विधाओं की तरह ही, कराटे कला भी एक अलग विधा के रूप में अस्तित्व में आयी। एक कराटे खिलाड़ी को यह इतिहास भी बताया जाना चाहिए, ताकि वह ज्यादा संजीदा बने और साथ ही प्रयोगधर्मी भी। एक और बात। आज समाज में जिस तरह महिलाओं के खिलाफ अपराध बढ़ रहे हैं उसके चलते उनके अन्दर एक किस्म का असुरक्षाबोध घर कर गया है। हमें उनके अन्दर से यह डर निकालने का भी प्रयास करना चाहिए। उन्हें भी कराटे कला से जोड़ने की कोशिश की जानी चाहिए। भूपेन्द्र का यह प्रयास इस कसौटी पर पूरी तरह खरा उतरता है। पूरी उम्मीद है कि वे अपने इस प्रयास को और भी आगे ले जाएंगे। उनके उज्जवल भविष्य की कामना के साथ–

BKhatana

जगबीर खटाना

अध्यक्ष, रेनबुकाई कराटे संघ

उत्तर प्रदेश

साभार

मैं हरियाणा राज्य के सोनीपत जिले के एक गाँव का रहने वाला हूँ। गाँव के अन्य बच्चों की तरह मैं भी एक 'सामान्य' बालक था। मेरी बचपन से खेल में रूचि रहती थी। स्कूल की छुट्टी के बाद पढ़ाई की बजाय खेल को ज्यादा समय देता था। मैं बेहद शर्मीले स्वभाव का होने के कारण अपने दोस्तों के अलावा गांव के किसी भी व्यक्ति से बात नहीं करता था। खेल-कूद और घर के काम-काज तक ही मेरी दुनिया सीमित थी। हर माता-पिता की तरह मेरे माता-पिता को मेरे भविष्य की चिन्ता रहती थी। ''आखिर इसका क्या होगा'' आखिरकार मेरी भी जिन्दगी में वह समय आया, जब मुझे नौकरी के लिए घर छोड़ना पड़ा। घर छोड़ते समय माता-पिता ने मुझे कुछ बातें समझाई- 'बेटा हमेशा सच्चाई, ईमानदारी, मेहनत व लगन से काम करना और अपने से बड़ों को सम्मान देना। कुछ ही वर्षों में मैंने जिन्दगी के भंवर से बहुत से खट्टे-मीठे अनुभव बटोरे। कराटे सीखने में भी माता-पिता की शिक्षा ने मेरी बहुत सहायता की। उनके बिना इस पुस्तक की कल्पना करना भी मेरे लिए सम्भंव नहीं था। इसके लिए मैं अपने माता-पिता और समूचे परिवार का ह्रदय से श्रृणी हूँ। कराटे के मेरे पहले शिक्षक सेन्साई के. थापा हैं, जिन्होंने मुझे कराटे का प्रारम्भिक ज्ञान दिया। उनसे मैंने जो कुछ सीखा वह अमूल्य है। अपने प्रथम गुरू के प्रति हार्दिक आभार।

सेन्साई सुबोध धीमान जी और सेन्साई अजय शर्मा जी ने मेरी कला को तराशने का काम किया। इससे मैं इस कला में प्रवीणता प्राप्त करने की ओर बढ़ा तथा साथ ही इस कला के मर्म को और गहराई से समझने का प्रयास भी इन्हीं गुरुओं के सानिध्य से सम्भव हुआ। यहीं पर मैंने इस कला से सच्चे मायने में प्यार करना सीखा। अब यह मेरे जीवन का एक हिस्सा बन गया है।

इन दोनों गुरुओं के प्रति मैं कृतज्ञ हूँ। इनके सहयोग के बिना प्रस्तुत पुस्तक की कल्पना तक कर पाना मेरे जैसे साधारण करातेका के लिए सम्भव नहीं था।

मेरे दोस्तों गुरजीत सिंह, अरविन्द सिंह, संजीव रघुवंशी और देवेन्द्र प्रताप ने पुस्तक लेखन के लिए हमेशा मुझे प्रोत्साहित किया। सभी साथियों का दिल से आभार। मैं श्री प्रमोद कुमार शर्मा का भी आभारी हूँ, जिन्होंने अल्प समय में ही शुद्वता के साथ इस पुस्तक को तैयार किया।

भूपेन्द्र सिंह

Mobile : +91 9873382477

E-mail : bhupikarate@gmail.com, www.noidakarate.com, renbuindia.com, karateindia.com

सेन्साई सुबोध धिमान व सेन्साई अजय शर्मा

विषय-सूची

- Karate without ego.
- Keep calm even during busy times.
- Mouth closed eyes open.
- Face hard times with an unshakable spirit.
- It's easier to find a theif on a mountain
- Than it is to find a thief in your heart.

- कराटे घमण्ड को खत्म करता है।
- जब आप बहुत व्यस्त हों, तब अपने मन और चित्त को शान्त रखें।
- अपने जीवन में आप बड़े बोल न बोलें।
- अपनी मंजिल की तरफ ध्यान केन्द्रित रखें।
- अपने जीवन में आई कठिनाइयों का सामना दृढ़ इच्छा शक्ति से करें।
- किसी भी चोर को ऊँचे पहाड़ों और बीहड़ जंगलों में आसानी से ढूँढ़ा जा सकता है, लेकिन बहुत मुश्किल है उसी चोर को अपने मन में ढूँढ़ना।

.... किकुमुरा सेन्साई

- जितने अच्छे हम आज है। उससे थोड़ा अच्छा हमें कल होना है, अर्थात् दिन प्रतिदिन आपको बेहतर ही बनना है। यह नियम केवल कराटे के क्षेत्र में ही नहीं, अपितु जीवन के प्रत्येक क्षेत्र में लागु होता है।

- कोई भी असफलता आदमी को इतना पंगु नहीं कर सकती कि वह फिर से खड़ा न हो सके।

- कराटे गर्म पानी के समान होता है, जिस तरह आग से पानी गर्म रहता है। अगर आग को अलग कर दिया जाये तो पानी ठण्डा हो जाता है। उसी प्रकार हम भी अभ्यास न करें, तो पुनः नौसिखिए बन जाएंगे।

भाग - 1

कराटे का इतिहास

इस छोटी सी पुस्तक में कराटे के सदियों पुराने व संघर्षों से भरे इतिहास का वर्णन करना कठिन है, इसलिए इसमें गागर में सागर भरने की भरपूर कोशिश की गयी है। कराटे कला दक्षिण भारत के काँजीपुरम (केरल) से शुरू हुई। बौधभिक्षु इस कला को गहरी खाइयों, ऊँचे पहाड़ों, दुर्गम दर्रों व घने तथा बीहड़ जंगलों को चीरते हुए धुमन्तू डाकुओं तथा जंगली जानवरों से लड़ते हुए चीन के हुनान प्रांत में ले गये। इस कला को ले जाने वाले बातुआ नाम के बौद्व भिक्षु थे। जिन्होंने वहाँ के साओलिन टैम्पल (मंदिर) में बौद्व भिक्षुओं को देखा और पाया कि वहाँ के भिक्षु बहुत ही सुस्त और आलसी हैं। उन्होंने भिक्षुओं को अट्ठारह हाथ का योगाभ्यास कराया, जिसके द्वारा वहाँ के भिक्षुक स्वस्थ और चुस्त हो गये। जिसके कारण उनका मन घण्टों ध्यान में लगने लगा। उसके पश्चात् बौद्व धर्म ने पाया कि वो अपनी आत्मरक्षा के लिए सक्षम नहीं है। इसके पश्चात् उन्हें आत्मरक्षा के गुर भी सिखाये जो कि योग की मुद्राओं पर आधारित था। इस प्रकार वहाँ के बौद्व भिक्षु भारत में उच्च ज्ञान प्राप्त करने के लिए आसानी से आने-जाने लगे। इस कला के द्वारा वे अपनी रक्षा जंगली जानवरों तथा घुमन्तु डाकुओं से करने लगे। इस प्रकार यह कला बौद्व भिक्षुओं के साथ-साथ दूसरे देशों में विकसित हुई। जैसे कि भारत से चीन, वहाँ से थाईलैण्ड, कोरिया इसके बाद ओकिनावा और वहाँ से जापान तथा जापान से पूरे संसार में फैल गई।

एक समय जापान में बड़े घराने के व कुलीन लोग अपनी सुरक्षा के लिए 'समुराइयों' को अपने घर में रखते थे। 'समुराई' एक ऐसा ग्रुप होता था जो हथियार और लाठियाँ रखते थे और अपने मालिक के लिए लड़ते हुए जान भी दे सकते थे। लेकिन समय तो करवट बदलता है। एक चीज खत्म होती है, तो उसकी जगह दूसरी आ जाती है। कुछ समय पश्चात् जापान में हथियार रखने पर रोक लगा दी। मालिक लोग असुरक्षित महसूस करने लगे। तत्पश्चात् उन्होंने समुराइयों को खाली हाथ लड़ने की कला को सीखने पर जोर दिया। यह कला उनके लिए कारगर साबित हुई। इसके पश्चात् कराटे कला का काफी प्रचलन हुआ, और कराटे वहाँ पर हर शहर, गांव व घर-घर के लोग सीखने लगे।

दुनिया के सबसे ज्यादा देशों में खेली जाने वाली यह कला लगभग 300–400 सालों से करोड़ों लोगों को जीवन जीने का ढंग सिखा चुकी है। कराटे कला अनेकों गुरूओं व साधकों के तेज दीमागों से छनते हुए आज अपने आधुनिक रूप में हमारे सामने है।

इस कला का जो मूल रूप है, उसे दक्षिण भारत के केरल प्रान्त में कलरीपैट के नाम से जाना जाता है और इसका अभ्यास किया जाता है जो संसार की सबसे पुरानी मार्शल आर्ट (युद्ध कला) है।

दारुमा

कराटे एक अद्भुत कला

सबसे पहले एक वाक्या सुनाता हूँ। एक दिन मैं अपने दोस्त के साथ जेबकतरी और बदतमीजियों के लिए कुख्यात ब्लू लाइन बस में सफर कर रहा था। बस के कंडक्टर से खुल्ले पैसे को लेकर दोस्त की कहासुनी हो गई। कंडक्टर अपने चिर-परिचित अंदाज में बदतमीजी पर उतर आया। इससे दोस्त उग्र हो गया लेकिन मैंने उसे समझा-बुझाकर शांत किया। बस से उतरने के बाद दोस्त ने मुझे उलाहना दिया, 'तुम तो कराटे सीखते हो, फिर भी कंडक्टर को दो हाथ जमाने के बजाय मुझे ही रोकते रहे।' मैंने मुस्कुराकर जवाब दिया, 'कराटे लड़ना-झगड़ना नहीं, बल्कि सहन करना सिखाता है।' मैं आज भी उसी बात पर कायम हूँ। वास्तव में कराटे लड़ने की कला नहीं बल्कि, आत्मरक्षा की कला है। इस कला का वही व्यक्ति बेहतर इस्तेमाल कर पाया है, जिसने इसके मर्म को समझा है। मैंने अक्सर लोगों को कहते हुए सुना है, 'करांटे वाले तो खतरनाक होते हैं।' यह धारणा एकदम गलत है। करांटे समेत दूसरी तमाम मार्शल आर्ट आदमी को खतरनाक नहीं, बल्कि अनुशासित, सहनशील, सहयोगात्मक और आज्ञाकारी बनाती है। साथ ही ध्यान शक्ति, तर्क शक्ति, निर्णय लेने की क्षमता, चुस्ती-फुर्ती और बीमारियों से लड़ने की क्षमता बढ़ाती है। यह सब कपोलकल्पित (सुनी-सुनाई) बातें नहीं हैं, बल्कि मेरा और मेरे संपर्क में आए उन तमाम लोगों का अनुभव है, जो करांटे का अभ्यास करते रहे हैं। मैंने इसके अभ्यास के दम पर लोगों को कठिन से कठिन परिस्थितियों से पार पाते हुए देखा है।

संजीव रघुवंशी बचाव की मुद्रा में

सिर्फ एक खेल नहीं

खेल कोई भी हो, वह निश्चित तौर पर शरीर पर अपना सकारात्मक प्रभाव डालता है। बात अगर कराटे की करें, तो इसका सकारात्मक प्रभाव चौतरफा होता है। वास्तव में यह सिर्फ एक खेल नहीं है। यह एक कला है, एक पद्वति है, एक समीकरण है, जिसे आधार बनाकर जीवन को संतुलित बनाया जा सकता है। हो सकता है कि मेरा दावा आपको थोड़ा अटपटा लगे लेकिन इसका पर्याप्त आधार है। जब भी मेरे जेहन में सवाल आया या किसी ने पूछा कि आखिर कराटे है क्या, तो हमेशा मेरा जवाब रहा है, 'इट इज द ग्रेट कॉम्बिनेशन ऑफ फिजीकल एक्सरसाइज, योगा एंड मेडिटेशन (कराटे कसरत, योगासन और धयान का बेहतरीन मिश्रण है)' यह तो मेरा जवाब है। बहुत संभव है कि इस बहु-आयामी कला के कुछ पहलू मुझसे अनछुए रह गए हो, क्योंकि मैं तो एक अदना सा साधक हूँ। बड़े-बड़े गुरु और महागुरु ही काफी हद तक इसके पहलुओं की परतों को खोल पाए हैं। चलिए, फिलहाल इसके तीन पहलुओं की गहराई में चलते हैं:-

फिजिकल एक्सरसाइज:- जैसा कि आम लोगों के बीच कराटे को लेकर मान्यता है, यह कला आदमी को शारीरिक रूप से मजबूत बनाती है। इसकी सीधी सी वजह है कि अभ्यास के दौरान विभिन्न तरह के व्यायाम करवाए जाते हैं। इस दौरान इसका पूरा-पूरा ध्यान रखा जाता है कि शरीर का कोई भी हिस्सा ऐसा न रह जाए, जो बाद में कमजोरी बन जाए। पीठ, पेट, सीना, कंधो के साथ ही हाथ-पैर के छोटे से छोटे हिस्से की मजबूती के लिए विशेष व्यायाम करवाए जाते हैं। ध्यान रहे कि ये व्यायाम मजबूती के लिए होते हैं, जिम में करवाई जाने वाली कसरत की तरह मांशपेशियों को गठीली बनाने से इनका कोई वास्ता नहीं होता। मांशपेशियों को लचीला बनाने और उसकी सहनशक्ति को विकसित करने के साथ ही हरेक कोशिका को एक 'एक्टिव पावर हाउस' बनाने का काम कराटे के व्यायाम करते हैं। महागुरुओं ने व्यायाम की विधियां इस कला की जरूरत के हिसाब से ही विकसित की हैं। यह भी याद रखना होगा कि इस व्यायाम का अभ्यास गुरु के निर्देशन के बगैर करने से फायदे के बजाय नुकसान हो सकता है। इस तरह के व्यायाम की सुविधा आपको जिम जैसी जगहों पर नहीं मिलेगी।

योगा:-अब बात करते हैं योगा की। अगर आपने कभी किसी कराटे क्लास को नजदीक से देखा हो तो लाजिमी है कुछ इस तरह की पॉश्चर (मुद्रा) जरूर नजर आई होंगी, आम लोगों की धारणा के मुताबिक जिनका सीधा संबंधा इस कला से नहीं होना चाहिए! ये पॉश्चर कराटे की 'खतरनाक' छवि के

मुकाबले एकदम सरल और सहज किस्म की होती है। दरअसल, यही कराटे का वह पहलू है जिसका आधाार योगा (योगासन) है। ये पॉश्चर क्लास में अभ्यास का अभिन्न हिस्सा होती हैं। इसमें सबसे महत्वपूर्ण है डीप ब्रीदिंग (लंबी सांस खींचना एवं छोड़ना) योगा में डीप ब्रीदिंग का विशेज़ महत्व है। अगर इसे योगा का आधाार कहा जाए तो शायद गलत न होगा। कराटे के अभ्यास के दौरान मुझे जो गुरुमंत्र मिले, उनमें संभवत: सबसे महत्वपूर्ण यही है कि डीप ब्रीदिंग कराटे की 'आत्मा' है। मार्शल आर्ट के खिलाड़ी की पूरी ताकत और क्षमता ब्रीदिंग सिस्टम में ही छिपी होती है। यही नहीं, यह शरीर के रेस्पाइरेटरी सिस्टम (श्वसन तंत्र) को दुरुस्त रखता है। अगर रेस्पाइरेटरी सिस्टम गड़बड़ाया तो समझो कि बीमारी को शरीर में पैर जमाने का बहाना मिल गया। डीप ब्रीदिंग के अलावा भी कराटे की कई टैक्निक (तकनीकियां) योग का प्रतिनिधित्व करती हैं।

मेडिटेशन:- आज की तेज रफतार जीवन शैली से जिंदगी में पैदा हुए असंतुलन को दुरुस्त करने के लिए लोग योगासन ओर ध्यान (मेडिटेशन) की ओर भाग रहे हैं। इसके अभ्यास के लिए मार्गदर्शन पर हजारों रुपए खर्च करते हैं। लेकिन कराटे के साधक को योगासन की तरह ही ध्यान का लाभ भी 'मुफ्त' में मिलता है। कराटे की कई टैक्निक ऐसी हैं, जो खुद-ब-खुद खिलाड़ी को मेडिटेट (धयानरत) कर देती हैं। इस श्रेणी में कई टैक्निक को शामिल किया जा सकता है, लेकिन काता (बंच ऑफ़ सम पर्टिक्यूलर स्टैप्स) का जिक्र ही काफी होगा। कराटे के कोर्स में शुरुआती दौर से अंतिम दौर तक (जब तक सीखने की ललक जिंदा हो) काता का अभ्यास कराया जाता है। इसमें एक बार में ही कुछ निश्चित स्टैप्स दिखाने होते हैं। यह एक काल्पनिक फाइट की तरह होता है। हर स्टैप को पूरे नियंत्रण, शक्ति, तकनीकी बारीकी के साथ प्रदर्शित करना होता है। यह तभी किया जा सकता है, जब खिलाड़ी अपने चारों तरफ की दुनिया को भूल जाए, दिमाग स्टैप की गहराई में डूब जाए, आंखें टारगेट पर हो और शरीर का हर हिस्सा सिर्फ सटीक अटैक या ब्लॉक (बचाव) की मुद्रा में ढल जाए। मुझे नहीं लगता कि मेडिटेशन की इससे बेहतर कोई दूसरी 'सक्रिय' मुद्रा हो सकती है। आंखें बंद कर एक जगह जम जाना ही धयान नहीं हैं! ध्यान का प्रयोजन (मोटो) है, अपने अंतर (इंनस्टिल) में डूब जाना। कराटे की 'काता' समेत दूसरी कई टैक्निक इस स्थिति में पहुंचाने के लिए पूरी तरह सक्षम हैं।

मार्शल आर्ट क्या है?

कुछ साथी कराटे, ताईक्वाण्डो, बॉक्सिंग, जुडो आदि आर्ट (शैली) सीखते रहने के बावजूद भी या जो नौसखिये हैं जिन्होंने अभी तक सीखना शुरू नहीं किया है। अनजाने में इस बात की रट लगाये रहते हैं कि हमें मार्शल आर्ट सीखना है, कराटे, ताईक्वाण्डो, बॉक्सिंग, जूडो आदि नहीं।

अपने विचलित (कन्फ्यूज) साथियों को बता देना चाहते हैं कि मार्शल आर्ट (Martial Art) अलग से कोई आर्ट नहीं है। जो भी यद्ध कला खाली हाथ-पैर से लड़ी जाये, वह मार्शल आर्ट के नाम से जानी जाती है, जिसमें जुडो, कराटे, ताईक्वांडो, बॉक्सिंग, थाई बॉक्सिंग, कुश्ती, कुंगफू, बुशु, किक बॉक्सिंग आदि शामिल हैं। ये सभी प्रकार की विद्याएं मार्शल आर्ट के अंग है, जिसमें कराटे को विश्वभर में सबसे प्रचलित और जरूरी (अहम्) माना जाता है। कराटे ही ऐसी कला है जिसमें हाथ और पैर के अटूट प्रहार से विरोधी के छूने से पहले ही उसे धराशायी किया जा सकता है। कराटे की बहुत सारी शैलियाँ हैं जैसे:-

1. रेनबुकाई
2. क्योकसिनकाई
3. सितोरियू
4. गोजोरियू
5. सोतोकान
6. वाडोरियू आदि

सेन्साई घिमान व सेन्साई अजय शर्मा किक प्रदर्शन करते हुये

यह जान लेना जरूरी है कि मार्शल आर्ट अलग से कोई आर्ट नहीं है। अगर अलग से कोई आर्ट है भी तो वह है रेनबुकाई कराटे। रेनबुकाई कराटे ऊपर लिखी शैलियों में से एक ऐसी शैली है, जिसमें मार्शल आर्ट की सभी कलाओं का समावेश है। यह शैली जूडो, कराटे, कुंगफू, वुसू, ताईक्वांडो, बॉक्सिंग, किक बॉक्सिंग, थाई बॉक्सिंग, कुश्ती आदि का मिला-जुला रूप है, जिसे मिक्स मार्शल आर्ट कहा जाता है। रेनबुकाई का मतलब है वह स्थान जहाँ सभी युद्व कलाओं (मार्शल आर्ट) का अभ्यास किया जाता है। यानि सभी युद्व (Place of All Martial Art) कलाओं का स्थान।

कराटे क्या है?

हर कोई यह जानने के लिए आतुर रहता है कि कराटे क्या है?अनजान (नौसिखिया) व्यक्ति कराटे को मार-पिटाई और तोड़-फोड़ के अलावा कुछ नहीं समझता है। या फिर कुछ युवा आकर पूछते हैं कि मास्टर जी पहले आप यह बताइये कि हम 4-5 महीने में कितना कराटे सीख जाएंगे और कितने लोगों को मार गिराएंगे या कितनों से टक्कर ले पाएंगे? हमारे हाथ-पैर तो अच्छी तरह मजबूत हो जाएंगे ना? पत्थर-वत्थर हम भी तोड़ पाएंगे कि नहीं?अच्छा आप ये तो बताइए कि आप कितने लोगों को एक साथ मार सकते हैं या काबू कर सकते हैं? आपके पास कौन सी बैल्ट है? सबसे तगड़ी बैल्ट कौन सी होती है?युवा इन्हीं सवालों में उलझे रहते हैं। एक या दो महीना जोश-खरोश के साथ आकर कराटे करते हैं फिर जल्दी ही बोर होकर, ऊब कर चले जाते हैं। लेकिन कुछ ऐसे भी अन्जान लोग होते हैं, जो कहते हैं कि अरे हम कराटे क्यों सीखें और अपने बच्चों को क्यों सिखाएं? हमारे पास तो बंदूकें हैं। बन्दूक के सामने कराटे क्या करेगा? हम तो मिनट से पहले उड़ा देंगे। कराटे तो धरा का धरा रह जायेगा। आखिर गलती उन भले मानुषों की नहीं है, क्योंकि वे जानते ही नहीं हैं कि कराटे क्या है?

सेन्साई सुबोध घिमान फ्लाइंग किक मारते हुऐ

आइये तो अब आपको बता ही दें कि कराटे क्या है?कराटे वह महत्वपूर्ण व अद्भुत कला है, जिसके द्वारा मनुष्य बेहतर ढंग से जीना सीख जाता है तथा जीवन की सही मायनों में पहचान कर लेता है और अपने अनमोल जीवन को सही कार्यों में ढालकर अपने कीमती समय का सही प्रयोग करने के साथ-साथ अपने अन्दर एक अति सुन्दर मनुष्य का निर्माण करता है। जिसका उद्देष्य हमेशा देश और समाज को ऊँचा उठाना होता है, जो प्रेम-प्यार की भावना में विश्वास रखता है। हर छोटे-बड़े की इज्ज़त करने के साथ-साथ उनकी भावनाओं का खयाल रखता है। घमण्ड को खत्म करके आपसी भाईचारे में मेल-जोल बनाये रखने के साथ-साथ लड़ाई-झगड़ों का विनाश करता है, जो कभी ऊँचे बोल नहीं बोलता, बहुत व्यस्त होने के बाद भी अपने मन और चित्त को शान्त रखते हुए अपनी मंजिल की तरफ ध्यान केन्द्रित रखता है तथा अपने जीवन में आई कठिनाइयों का सामना दृढ़ इच्छा शक्ति के साथ करता है और अपनी सुरक्षा के साथ-साथ दूसरों की सुरक्षा भी करता है।

कराटे को जापानी भाषा में कराते कहा जाता है। (करा+ते) करा का मतलब खाली, ते का मतलब हाथ, यानि खाली हाथ। वह कला जो खाली हाथों से लड़ी जाती है। उसे कराटे कहते हैं। खाली हाथ से यह भी मतलब है कि हमारे हाथ में कुछ नहीं है, मतलब यह कि हम नौसिखिये हैं हमें कुछ नहीं आता है। इससे हमें घमण्ड का अहसास नहीं होगा, जिससे हमारे हृदय में स्वच्छता रहेगी। इस प्रकार हम दूसरे व्यक्तियों के साथ अधिक पारदर्शिता के साथ पेश आएंगे और अपने को नौसिखिया मानते हुए उच्च ज्ञान प्राप्त करने के साथ-साथ आगे की तरफ बढ़ेंगे।

कराटे उस गर्म पानी के समान है, जिसके नीचे आग जल रही हो। जब तक आग जल रही है तो पानी गर्म रहेगा और अगर आग बुझा दी जाए तो पानी ठण्डा हो जाएगा। उसी प्रकार आप अभ्यास करते रहेंगे तो आपको कराटे से फायदा मिलता रहेगा। जब अभ्यास बंद कर देंगे तो फायदा भी मिलना बंद जो जाएगा। या यूँ कहें जैसे जीवित रहने के लिए हवा, पानी, भोजन, आराम और मनोरंजन की जरूरत है, उसी प्रकार इनमें से एक भी काम छोड़ दें तो जीवन खत्म हो जाएगा। जैसे ये सभी चीजें जीवन से जुड़ी हुई हैं, उसी तरह कराटे भी जीवन से जुड़ा हुआ है।

कराटे क्यों सीखें?
और
बच्चों के लिए कराटे

यह एक महत्वपूर्ण सवाल है कि कराटे क्यों सीखें? पहले भी बताया जा चुका है कि कराटे महज एक खेल नहीं है। यह जीवन को बेहतर बनाने की कला है। अगर बात युवा वर्ग की करें, तो उनके लिए यह कला दुनियादारी के तमाम झंझटों से बेहतर तरीके से निपटने में सक्षम बनाने का जरिया साबित हो सकती है। शरीर को चुस्त-दुरुस्त रखने के लिए एक्सरसाइज बेहद जरूरी है। जहाँ तक कराटे का सवाल है, यह कला शरीर को चुस्त-दुरुस्त ही नहीं बल्कि कई तरह के रोगों से भी बचाती है। कराटे करने वाले पर कभी मोटापा हावी नहीं हो सकता, मांसपेशियां और हड्डियां मजबूत होती हैं, ब्लड प्रेशर ठीक रहता है; शुगर नहीं होता, दिल की बीमारी नहीं होती, नींद अच्छी आती है, भूख अच्छी लगती है आदि-आदि बहुत सी बीमारियों से बच सकते हैं।

कराटे का अभ्यास आत्मविश्वास विकसित करता है, तो वहीं कार्यक्षमता और एकाग्रता बढ़ाता है। आज के प्रतिस्पर्धा वाले माहौल में ऊँचे आत्मविश्वास और बेहतर कार्यक्षमता व एकाग्रता के बगैर खुद को साबित नहीं किया जा सकता। बच्चों और महिलाओं के मामले में भी कराटे कला इतनी ही मददगार है, जितनी युवाओं के लिए। कम्प्यूटर और टीवी से चिपके रहने वाले बच्चों को अगर हर प्रतिस्पर्धा के लिए तैयार रखना है, तो उनको ऐसी गतिविधियों से जुड़ाव रखना जरूरी है, जो उनके शरीर और मस्तिष्क को चुस्त-दुरुस्त रखे। मार्शल आर्ट इसका बेहतर जरिया है, साथ ही इसके अभ्यास से बच्चों में बहुत से गुण पैदा होते हैं जैसेः-

उपर अभिषेक सैनी और नीचे अपना पुरुस्टी किक प्रदर्शन करते हुए

इंटरनैशनल चैम्पियन अंजना पुरुस्टी लगातार 20 फाईट जीतने के बाद ट्राफी दिखाते हुऐ

जापानी मास्टरों की टिम रेनबुकाई नोएडा की टिम के साथ और साथ में बच्चे भी

जापानी मास्टर सेन्साई तोसीहिको किकुमुरा बच्चों के साथ

बैल्ट टेस्ट के बाद बच्चे अपने अभिभावकों के साथ (चित्र 1)

चित्र-2

चित्र-3

बेल्ट टेस्ट के बाद बच्चे अभिभावकों के साथ और साथ मे सेन्साई सुबोध धिमान व सेन्साई अजय शर्मा

सहनशीलताः- कराटे करने वाले दूसरों की अपेक्षा सहनशील होते हैं। लोग गलत कहते हैं कि कराटे करने वाले जरा सी बात पर गुस्सा करते हैं। बल्कि सच तो यह है कि कराटे करने वाला बहुत ही सहनशील और विनम्र होता है।

अनुशासनः- अनुशासन हमारी जिन्दगी का अहम हिस्सा है, अगर हम अपने काम के प्रति अनुशासित नहीं रहेंगे, तो अपनी मंजिल तक पहुंचना मुश्किल है। इसलिए दुनिया में हर काम को पूरा करने के दो ही मूल मंत्र है, अनुशासन एवं आत्मविश्वास। कराटे करने से दोनों चीज पैदा होती है।

जिम्मेदारः-बच्चे अपनी जिम्मेदारी भी समझने लगते हैं।

आज्ञाकारीः- बच्चे कराटे सीखने से आज्ञाकारी बनते हैं।

आत्मविश्वासः- कराटे करने से सबसे पहले आत्मविश्वास पैदा होता है यह 100 प्रतिशत सही है। कराटे करने वाले जीवन का सामना अधिक अच्छी प्रकार से कर सकते हैं।

कराटे का प्रयास करने से आप अपने आपको चुस्त-दुरुस्त रख सकते हैं, बीमारियों से बच सकते हैं। इसके साथ-साथ एक्सरसाइज, योग, मेडिटेशन तीनों का फायदा उठा सकते हैं। इसके अलावा खास बात यह है कि बच्चों की पढ़ाई के साथ-साथ उनके स्वास्थ्य का भी ध्यान रखिए। बच्चों का बचपन खुशियों से भरा होना चाहिए, बीमारियों से नहीं।

अपनी सुरक्षा अपने हाथ

जहाँ तक महिलाओं का सवाल है तो महिलाओं के लिए यह कला वरदान साबित हो रही है। आज समाज में महिलाओं के साथ छेड़खानी, बलात्कार, छींटाकसी जैसी घटनाएं बढ़ती जा रही हैं। बदलते समय में खुद को सुरक्षित रखने के लिए इस कला को प्रयोग किया जा सकता है। इस कला को सीखने से मनुष्य कभी अपने आपको अकेला महसूस नहीं करता। यह कला मनुष्य की सच्चे साथी के रूप में हमेशा सहायता करती है।

शहरी लाइफस्टाइल की परोसी हुई दिक्कतों को दूर करने और 'अपनी सुरक्षा अपने हाथ' की बढ़ती जरूरत को पूरा करने के लिए मार्शल आर्ट का अभ्यास निहायत जरूरी हो गया है। अब अपनी चेन झपटते देख मदद के लिए चिल्लाने से कुछ नहीं होगा। खुद को लुटेरों को पटखनी देने लायक बनाने से ही बात बनेगी।

महिलाओं को गुर सिखाते सेन्साई सुबोध घिमान

कब सीखें

विदेश यात्रा के दौरान पानी के जहाज में एक भारतीय धर्म गुरु (स्वामी रामतीर्थ) ने 80 साल से ऊपर के जर्मन वृद्ध को चीनी भाषा (सबसे कठिन मानी जाती है) सीखते हुए देखा तो आश्चर्यवश पूछ ही लिया, 'उम्र के इस पड़ाव पर यह भाषा आपके क्या काम आएगी। आप जब तक इसमें पारंगत होंगे, तो सम्भवतः मृत्यु का समय आ चुका होगा।' जर्मन ने जवाब दिया, 'मृत्यु का क्या भरोसा कब आ जाए, अगर मैं मृत्यु को ध्यान में रखकर ही सारी चीजें निर्धारित करता तो कुछ नहीं सीख पाता।' साथ ही उसने कहा, 'सीखने की कोई उम्र नहीं होती, बस मौके की जरूरत होती है।' कराटे कला भी इस दायरे से बाहर नहीं है। कई जगहों पर ऐसे लोगों को कराटे का अभ्यास करते हुए देखा है, जो उम्र के तीसरे पड़ाव पर हैं। वह जुनून ही है, जिसके दम पर कराटे का अभ्यास किया जा सकता है। इसका अभ्यास किसी भी उम्र में किया जा सकता है। उम्र के हिसाब से ही प्रैक्टिस का स्तर तय किया जाता है। कराटे का अभ्यास आपको कम से कम आपके एज ग्रुप में तो दूसरों से बेहतर बना ही देगा।

सेन्साई सुबोध घिमान व सेन्साई अजय शर्मा के साथ रेनबुकाई नोएडा टीम

कराटे स्कूल का चुनाव

ऐसे ही आँख मूँद कर किसी भी कराटे स्कूल में दाखिला नहीं ले लेना चाहिए। कराटे स्कूल के चुनाव के लिए कुछ विशेष बातों को ध्यान में रखना जरूरी है। जैसे :-

1. वह स्कूल ऑल इण्डिया कराटे-डो फैडरेशन (AIKF) से मान्यता प्राप्त हो। अगर नहीं है, तो उस स्कूल को तुरन्त छोड़ दें।
2. वह स्कूल भारतीय ओलम्पिक कमेटी (IOC)से मान्यता प्राप्त हो।
3. उस स्कूल के प्रशिक्षक के पास कितना अनुभव है?
4. उस स्कूल के प्रशिक्षक कराटे खिलाड़ियों के साथ किस प्रकार का व्यवहार करते हैं?
5. जब आप कराटे स्कूल में दाखिला लेने जाते हैं, तो उस समय प्रशिक्षक का आपके साथ कैसा व्यवहार होता है?
6. जब प्रशिक्षक कराटे खिलाड़ियों को अभ्यास करा रहा होता है, तो उस दौरान वह अपने प्रशिक्षण को देखने देता है या नहीं?
7. उस स्कूल में कराटे बैल्ट देने का क्या तरीका है?मतलब वह कितने महीनों बाद बेल्ट परीक्षा रखता है? ऐसा न हो कि वह स्कूल हर दो या तीन महीने में बैल्ट बाँट रहा हो? अगर ऐसा है तो उस स्कूल को तुरन्त छोड़ देना चाहिए।
8. बेल्ट परीक्षा की अवधि चार से पाँच महीने होनी चाहिए।
9. छः या सात साल के बच्चे को सबसे पहली बैल्ट मिलनी चाहिए। उससे कम उम्र के बच्चों को नहीं।
10. क्या वह स्कूल या वह प्रशिक्षक हर छोटी से छोटी बात के लिए या वह काम जो जरूरी न हो उसके लिए बच्चों से पैसे तो इकट्ठे नहीं करता है?

भाग – 2

डोजो
और उसके तौर-तरीके

डोजो शब्द से मतलब वह स्थान जहाँ हम हर रोज कराटे कला का अभ्यास करते हैं। अगर हम आपको बिल्कुल देशी शब्दों में समझाएं तो आप इसे अखाड़ा समझ सकते हैं, जहाँ पहलवान कुश्ती करते हैं। ठीक उसी प्रकार कराटे करने के स्थान को डोजो कहते हैं। डोजो के अन्दर और बाहर जाने के कुछ तौर-तरीके होते हैं। सबसे पहले जब हम डोजो में प्रवेश करते हैं, तो डोजो से बाहर पीछे की तरफ पैर मोड़कर सिजा (बज्रआसन) में बैठते हैं।

सबसे पहले बांये पैर को मोड़ते हैं, फिर दांये पैर को मोड़कर बैठ जाते हैं। इसी तरह पहले बांये हाथ और फिर दांये हाथ को जमीन में अंगूठे की ऊँगलियों से अलग करते हुए रखते हैं। इस प्रकार दोनों हाथों के अंगूठों के आखिरी छोर और अंगूठे के पास वाली ऊँगलियों के आखिरी छोर आपस में मिलाकर एक पान के पत्ते जैसा आकार ले लेते हैं। तत्पश्चात् आगे झुक कर अपने माथे को उस पान के पत्ते जैसे आकार में दो या तीन सेकेण्ड के लिए रखकर ध्यान लगाया जाता है फिर वापस पहले वाली मुद्रा में बैठ जाते हैं। उठते समय पहले बांया हाथ फिर दांया हाथ उठाया जाता है। इसी तरह पहले बांया पैर फिर दांया पैर उठाकर खड़े होते हैं। अगर आप डोजो में सबसे पहले पहुंचते हैं, तो आपको खड़ा होने के लिए किसी के आदेश की जरूरत नहीं है। अगर आप डोजो में लेट हैं अथवा कराटे अभ्यास शुरू हो चुका होता है, तो आपको अपने सेन्साई (गुरू) या सेम्पाई (सीनियर) के आदेश का इंतजार करना पड़ेगा। अगर आप लेट हैं, तो बिना अनुमति के डोजो के अन्दर प्रवेश नहीं कर सकते। जैसे आप अपने स्कूल में अध्यापक की इजाजत के बिना कक्षा में प्रवेश नहीं कर सकते। डोजो में घुसने के बाद अपने सेन्सई और सेम्पाई (गुरू अथवा सीनियर) के सामने दोनों पैरों की ऐड़ियां मिलाकर, ऊँगलियाँ दूर रखकर अंग्रेजी के अक्षर वी (V) जैसी मुद्रा बनाकर तथा हाथों को सीधा करके अपने शरीर से चिपकाते हुए आगे की तरफ झुककर औनाईगेसिमस या औस बोलकर सम्मान देना होता है। उसके बाद कराटे अभ्यास के लिए आप लाइन में खड़े हो सकते हैं। अगर अभ्यास के दौरान आपकी गी या ओबी ढीली हो जाती है या खुल जाती है, तो आपको अपने सेन्साई या सेम्पाई से औस बोलकर उसे ठीक करने की अनुमति लेनी पड़ती है। उसके पश्चात् आपको (काता हिजा दाची) मतलब एक पैर का घुटना जमीन में रखकर गी या ओबी को ठीक कर सकते हैं और दोबारा से सेन्साई या सेम्पाई से औस बोलकर आप अभ्यास शुरू कर सकते हैं। अगर प्रशिक्षण के दौरान हमें किसी प्रकार की कोई समस्या उत्पन्न होती है, तो अनुमति लेकर ही अन्दर या बाहर आ-जा सकते हैं। लेकिन इस बात का ध्यान रखा जाये कि उस समय आपको प्रशिक्षण कौन दे रहा है। अगर सेन्साई (गुरू) प्रशिक्षण दे रहे हैं, तो केवल सेन्साई से ही अनुमति ली जाएगी सेम्पाई से नहीं। अगर सेम्पाई (सीनियर) प्रशिक्षण दे रहे हैं, तो केवल सेम्पाई से ही अनुमति ली जाएगी सेन्साई से नहीं।

अपने गुरु को औनाईगेसिमस बोलकर सम्मान देते हुए कराटे खिलाड़ी

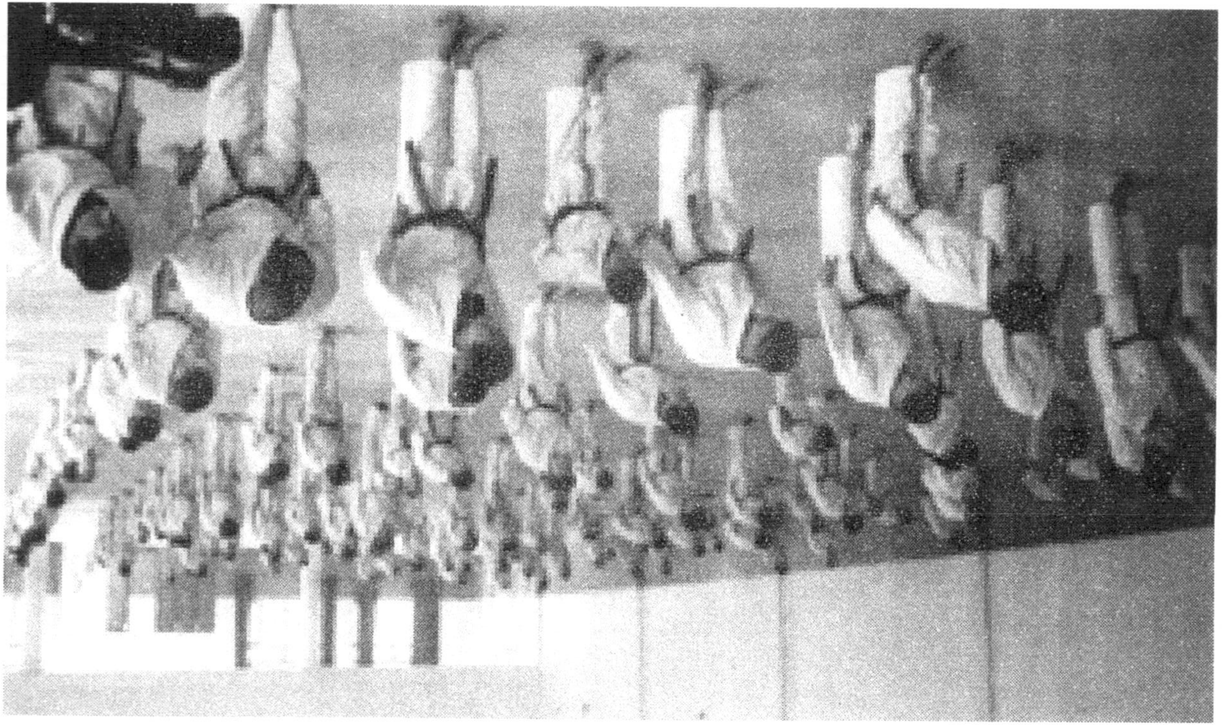

जब कराटे कला का अभ्यास करने के लिए डोजो में जाते हैं, तो हमें बिल्कुल खाली दिमाग यानि नौसिखिया बनकर जाना चाहिए। उदाहरण के तौर पर बिल्कुल खाली गिलास की तरह अगर गिलास खाली होगा, तो उसमें पानी भरा जा सकता है, अगर पहले से भरा होगा, तो उसमें पानी नहीं भरा जा सकता। ठीक इसी प्रकार अच्छा ज्ञान प्राप्त करने के लिए हमें हर रोज खाली दिमाग रखकर ही कला का अभ्यास करना चाहिए। इसके अलावा हमें अपने छोटे-बड़े अथवा सेन्साई व सेम्पाई की इज्जत, मान-मर्यादा व सम्मान तथा भावनाओं का ख्याल रखना चाहिए। कोई ऐसा काम या ऐसी भाषा का प्रयोग न किया जाए कि उससे किसी को आघात हो। अपने सेन्साई व सेम्पाई के एक ही आदेश पर उनके कार्य के लिए तत्पर खड़े होना चाहिए। अगर आप ऐसा कर पाते हैं तो आप एक अच्छे करातेका अथवा अच्छे खिलाड़ी बन सकते हैं, एक अच्छे आचरण वाले मनुष्य बन सकते हैं। इस प्रकार हम अपने डोजो, सेन्साई, सेम्पाई और करातेका का मान-सम्मान और गौरव-गरिमा बनाए रख सकते हैं। खुद को और दूसरों को अनुशासन में रख सकते हैं।

सेन्साई

सेन्साई सुबोध अपनी टीम के साथ गंगा नदी में ध्यान लगाते हुए

सेन्साई शब्द से मतलब गुरू (अध्यापक) ज्ञान का वह प्रकाश, जो अपने शिष्य को अंधेरे से उजाले की तरफ ले जाता है। एक शोध के अनुसार अलग-अलग लोगों के गुरू को समझने के अलग-अलग दृष्टिकोण मिले लेकिन मेरा मानना यह है कि इस दुनिया में जितने भी गुरू हैं अगर सभी के सभी शिक्षा देना छोड़ दें, मतलब अंधेरे से उजाले की तरफ ले जाना छोड़ दें, तो सोचकर देखें कि इस दुनिया का, समाज का क्या होगा? क्या आपका यह समाज सही रास्ते पर जा सकेगा? क्या आप अनुमान लगा सकेंगे कि उस समाज का निम्नतम स्तर क्या होगा? अगर समाज का बोझ आप भगवान या उससे मिलते-जुलते किसी अवतार के कंधों पर समझते हैं तो आप गलत समझते हैं। क्योंकि वह बोझ तो गुरू के कंधों पर होता है। अच्छी शिक्षा देना गुरू का फर्ज होता है। कितने डॉक्टर, इंजीनियर, पायलेट, साइंटिस्ट, छोटे से छोटा या बड़े से बड़ा अधिकारी या फिर अच्छे से अच्छा खिलाड़ी हो सब गुरू की बदौलत ही होते हैं। गुरू समाज का एक अहम् हिस्सा होता है। यह एक अलग बात है कि आज उसे उतनी तवज्जो नहीं दी जाती

जितनी उसे मिलनी चाहिए। साथ ही एक हृदय विदारक घटना यह है कि शिक्षा के बाजार में गुरू (अध्यापक) के खरीदने और बेचने वाले ठेकेदार

पैदा हो गए हैं। जो उनका मोल–भाव लगाते हैं और उसकी मेहनत को ओट कर (मतलब दोनों हाथों की अंजुलि बनाकर) पी जाते हैं।

खैर! यह तो एक लम्बी चौड़ी बहस है। इस वक्त हम सेन्साई (कराटे गुरू) का जिक्र कर रहे हैं। सेन्साई एक जैपनीज शब्द है। इसका अर्थ है कि हम आपसे पहले पैदा हुए हैं, आपसे बड़े हैं, हमारा जो भी अनुभव है आपको बतला सकते हैं। जीवन के उतार–चढ़ाव से लेकर घटती–बढ़ती चीजों और पैदा होने से लेकर, मरने वाली चीजों तक का अनुभव या फिर जितना ज्ञान अर्जित किया है वह सब। सेन्साई बनने के लिए बहुत ही कठिन परिश्रम करना पड़ता है। जब हम कराटे सीखना शुरू करते हैं, तब से लेकर जब तक ब्राऊन बेल्ट (भूरा पट्टा) नहीं पा लेते तो कराटेका ही कहलाते हैं और भूरी बेल्ट से काली बेल्ट के पहले तथा दूसरे फीते (2nd Dan) तक सैम्पाई कहा जाता है। काले पट्टे पर लगे तीसरे तथा चौथे (3rd Dan or 4th Dan) सेन्साई कहा जाता है। यहाँ तक पहुँचने के लिए कई सालों तक कड़ी मेहनत की जाती है। सेन्साई से आगे के भी कुछ पद होते हैं जिन्हें सिहानदाई, क्योसी, सिहान, सोके, कान्चो तथा सोसाई कहा जाता है। लेकिन ये महान हस्तियां भी अपने को सेन्साई कहलाना ही पसंद करती हैं और इन सबका मतलब भी गुरू ही होता है। कान्चो तथा सोसाई तक पहुँचने के लिए बहुत कठिन तपस्या करनी पड़ती है और तब तक कराटे हमारे जीवन में समाहित हो जाता है। कान्चो सोसाई तक पहुँचने के कुछ तौर–तरीके व नियम बनाए गए हैं जैसे कि :-

देखें आगे तालिका में...

क्र0 सं0	बेल्ट	डिग्री/ DAN		साल	पद	
1.	ब्लैक बेल्ट	1st	ब्राउन बेल्ट के	1 साल बाद	सेम्पाई	बड़ा या सीनियर
2.	ब्लैक बेल्ट	2nd	ब्लैक 1st DAN के	2 साल बाद	सेम्पाई	
3.	ब्लैक बेल्ट	3rd	ब्लैक 2nd DAN के	3 साल बाद	सेन्साई	गुरू
4.	ब्लैक बेल्ट	4th	ब्लैक 3rd DAN के	4 साल बाद	सेन्साई	
5.	ब्लैक बेल्ट	5th	ब्लैक 4th DAN के	5 साल बाद	सिहानदाई	उप0 सहा0 मास्टर
6.	ब्लैक बेल्ट	6th	ब्लैक 5th DAN के	6 साल बाद	क्योसी	सहायक मास्टर
7.	ब्लैक बेल्ट	7th	ब्लैक 6th DAN के	7 साल बाद	सिहान	मास्टर
8.	ब्लैक बेल्ट	8th	ब्लैक 7th DAN के	8 साल बाद	सोके	फाउंडर
9.	ब्लैक बेल्ट	9th	ब्लैक 8th DAN के	9 साल बाद	कान्चो	फाउंडर
10.	रैड बेल्ट	10th	ब्लैक 9th DAN के	10 साल बाद	सोसाई	फाउंडर

इस प्रकार ब्लैक बेल्ट से रेड बेल्ट (Red Belt) तक जाने के लिए 58 साल से लेकर 60 साल तक का सफर तय करना पड़ता है। लेकिन आजकल कुछ करातेका बेल्ट इस तरह बाँट रहे हैं, जैसे बेल्ट खैरात में बँट रही हो, जिससे कराटे का असली रूप छुपता जा रहा है और बेल्ट की अहमियत खत्म होती जा रही है तथा भारतवर्ष में जहाँ से यह कला उत्पन्न हुई थी, वहीं पर कराटे कला आगे बढ़ने की बजाय पीछे जा रही है।

डाजो कुन (प्रार्थना)

कराटे कला का अभ्यास शुरू करने से पहले और बाद में डोजो कुन की जाती है।

डोजो कुन (Dojo Kun)
सित्तोत्स कराटे दोआ
रेगी हजमेरी रेनीओ वारू कातो
वासुरेज निओ सुग्यो सुरबईस
सित्तोत्स कराटे दोआ
सित्तोत्स ओ मौते सुग्योसबिस
सित्तोत्स कराते दोआ
ओनोरोनी कात्स कोत्तानी सुग्योसबिस

अर्थ डोजो कुन (अर्थ-1)

हम कराटे का अभ्यास इसलिए करते हैं कि
हम सबके लिए कृतज्ञ रहेंगे।
हम सब व्यक्तियों के साथ मेल-जोल बनाकर रखेंगे।
हम कराटे करते हुए आत्म अनुशासन रखेंगे।

डोजो कुन (अर्थ -2)

- हम एक स्थिर भावना के लिए हमारे मन और शरीर को प्रशिक्षित करेंगे।
- हम 'मार्शल वे' के सही अर्थ की खोज करेंगे तो समय में हम सतर्क रहना सीखेंगे।
- हम शिष्टाचार के नियमों का पालन करेंगे, अपने वरिष्ठों का सम्मान करेंगे और हिंसा से दूर रहेंगे।
- हम ज्ञान और शक्ति को ढूँढ़ेंगे, अन्य इच्छाओं को नहीं चाहेंगे।

कराटे का परिधान

कराटे कला का अभ्यास करते समय हमें कराटे यूनिफार्म (ड्रैस) पहननी पड़ती है, जिसे हम कराटे की भाषा मं या जापानी भाषा में गी कहते हैं। इस ड्रैस यानि गी का रंग सफेद होता है। यह सफेद रंग इसलिए चुना गया है क्योंकि यह शांन्ति, स्वच्छता, पवित्रता का प्रतीक है। हमारे पास किसी प्रकार का कोई घमण्ड नहीं है। हमारा दिल कोरे कागज की तरह है। साफ-सुथरा जिस पर कुछ नहीं लिखा गया है जो साफ हृदय से सुख-शांति और भाई-चारे में विश्वास रखता है। इसके अलावा कराटे गी पहनकर अभ्यास करना आरामदायक होता है, क्योंकि यह आम कपड़ों की तरह शरीर से चिपकी हुई नहीं होती। यह बिल्कुल ढीली-ढाली होती है, जिसमें हम हाथ-पैर आसानी से बिना किसी रूकावट के चला सकते हैं यानि कराटे कला का अभ्यास कर सकते हैं।

कराटे बेल्ट (ओबी)

कराटे गी (ड्रैस) पहनने के बाद उसके ऊपर से कमर के ऊपर कराटे बेल्ट यानी जापानी भाषा में ओबी (कपड़े का बनाया हुआ मोटा सा पट्टा) को बाँधा जाता है। सबसे पहले यानी जब आप कराटे स्कूल में दाखिला लेते हैं तो सफेद रंग की बेल्ट (ओबी) मिलती है, जो हमारे परिश्रम यानी तजुर्बे को दर्शाता है।

जैसे-जैसे आप इस कला का अभ्यास करते जाते हैं, वैसे-वैसे आपकी ओबी (बेल्ट) को भी बदल दिया जाता है। कराटे के अलग-अलग स्टाइलों में बेल्ट के रंगों में थोड़ा-थोड़ा अन्तर होता है या फिर उसके क्रम में अन्तर होता है, लेकिन आखिर में ब्लैक बेल्ट मतलब काला पट्टा (ओबी) मिलता है। अगर हम बेल्ट के क्रम की बात करें तो सबसे पहले सफेद रंग की पट्टी (बेल्ट) मिलती है जिसको क्रम से अलग रखा जाता है, क्योंकि यह बिना किसी मेहनत के मिलती है यह बेल्ट बांधने का मतलब है कि हम नौसिखिए हैं। हमें कुछ नहीं आता है इसके बाद हर चार या पांच महीने के तजुर्बे के पश्चात् यानी कड़ी मेहनत के बाद आपको अलग-अलग रंग की बेल्ट मिलती हैं। जैसे:-

क्र0सं0	बेल्ट		स्टैप
1.	Orange	नारंगी	10th KYU
2.	Orange Step 1	नारंगी	9^{th}KYU
3.	Blue	नीली	8^{th}KYU
4.	Blue Step 1	नीली	7^{th}KYU
5.	Yellow	पीली	6^{th}KYU
6.	Yellow Step 1	पीली	5^{th}KYU
7.	Green	हरी	4^{th}KYU
8.	Green Step 1	हरी	3^{rd}KYU
9.	Brown	भूरी	2^{nd}KYU
10.	Brown Step 1	भूरी	1^{st}KYU
	Black Belt	ब्लैक बेल्ट	

ब्लैक बेल्ट से पहले जितनी भी बेल्ट मिलती हैं उन्हें क्यू (KYU) (स्टैप) कहते हैं और उसके बाद जो बेल्ट मिलती हैं उन्हें डान DAN (डिग्री) कहते हैं। जैसे:- सोडान पहली डिग्री, निडान दूसरी डिग्री, सनडान तीसरी डिग्री, यनडान चौथी डिग्री इसी प्रकार दस डिग्रियाँ मिलती हैं। ये डिग्रियाँ हासिल करने के लिए कई-कई साल लग जाते हैं।

जितनी बड़ी डिग्री हासिल करते हैं उतने ही ज्यादा साल लग जाते हैं, लेकिन भारतीय करातेकाओं ने इसको एकदम उल्टा ही कर दिया है। जहाँ खिलाड़ी चार साल में ब्लैक बेल्ट तक पहुँचता है, वहां कराते खिलाड़ी को दो से ढाई साल में ही ब्लैक बेल्ट बना दिया जाता है और रही डिग्रियों की बात तो वह पैसे देकर इंटरनेट या फोन पर ही प्राप्त कर लेते हैं और उस बेल्ट या डिग्री को पाकर वे गलतफहमी में जी रहे होते हैं कि हम एक अच्छे करातेका हैं, जबकि वो कराटे को नुकसान पहुंचाने के साथ-साथ खुद को और कराटे सीखने वाले करातेकाओं के भविष्य के साथ खेल रहे होते हैं।

कैसे आरम्भ करें

वार्मअप एक्सरसाईज:- कराटे का अभ्यास शुरू करने से पहले शरीर को सही ढंग से गर्म करना बहुत जरूरी है। अन्यथा कराटे के शुरुआती अभ्यास में ही शरीर के किसी भी हिस्से में अंदरूनी चोट आ सकती है। अगर हम सबसे पहले किक यानि पैरों से कराटे का अभ्यास शुरू करते हैं, तो हमारे टखने (ऐंकल), घुटने (नी), जाँघों तथा कूल्हों के साथ-साथ रीढ़ की हड्डी तक में झटका लगने का खतरा रहता है, जिससे हमारी कमर में दर्द रहने लगता है। इसी प्रकार हम अगर पंच यानि हाथों से कराटे का अभ्यास शुरू करते हैं, तो हमारी कुहनी, कंधे, छाती का दांया या बांया हिस्सा, गर्दन, पीठ, पसलियाँ तथा रीढ़ की हड्डी में झटका लगने का या अंदरूनी चोट पहुँचने का खतरा रहता है। इसके अलावा पैर व हाथ की ऊँगलियों व कलाई में भी चोट पहुँच सकती है। इसलिए कराटे शुरू करने से पूर्व शरीर को पूरी तरह से गर्म करने की सावधानी जरूर बरती जाए। अन्यथा आप अपने दर्द को लेकर डॉक्टर के पास बैठे रहेंगे और कराटे को भला-बुरा कहेंगे।

वार्मअप एक्सरसाईज की शुरूआत:- ध्यान रहे कि वार्मअप हमेशा नीचे से ऊपर की तरफ या ऊपर से नीचे की तरफ क्रमानुसार ही करनी चाहिए। जैसे कि अगर हम नीचे से ऊपर मतलब पैरों से शुरुआत और सिर पर खत्म करते हैं, तो सबसे पहले पैरों की ऊँगलियों, टखने, घुटने उसके बाद कूल्हे से कमर, पेट उसके बाद कंधे, कुहनी, कलाई व हाथ की ऊँगलियाँ व सबसे बाद में गर्दन तक की एक्सरसाईज की जाती है।

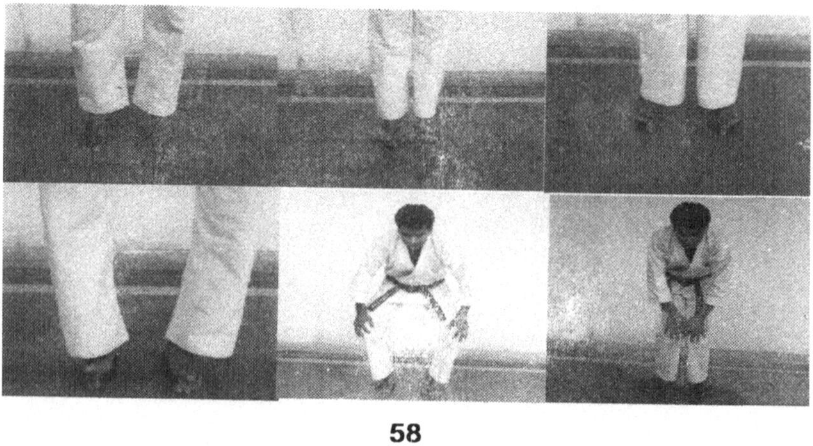

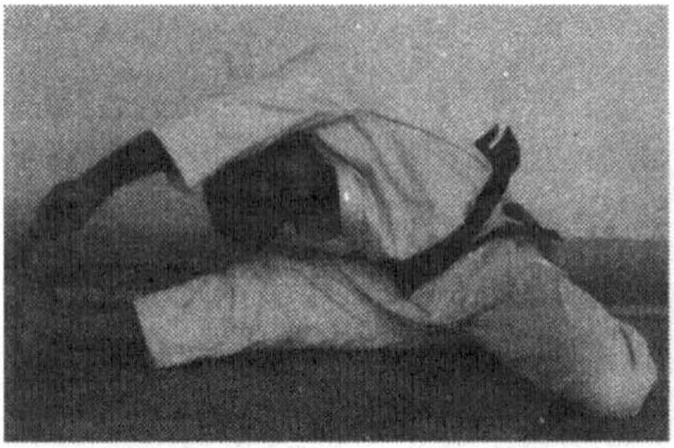
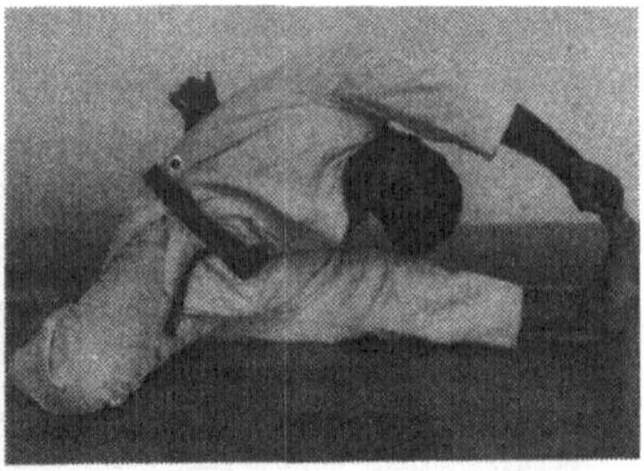

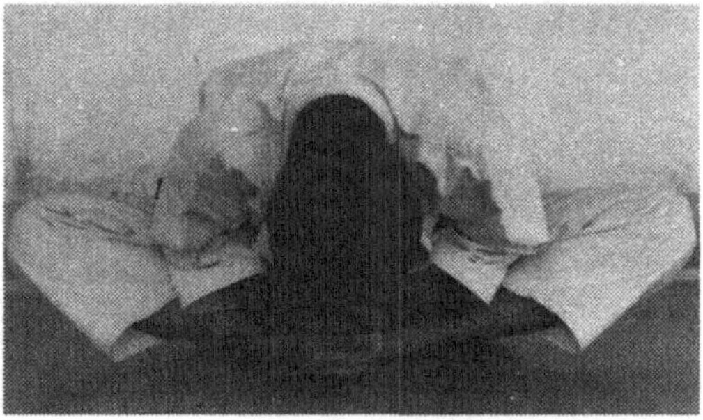
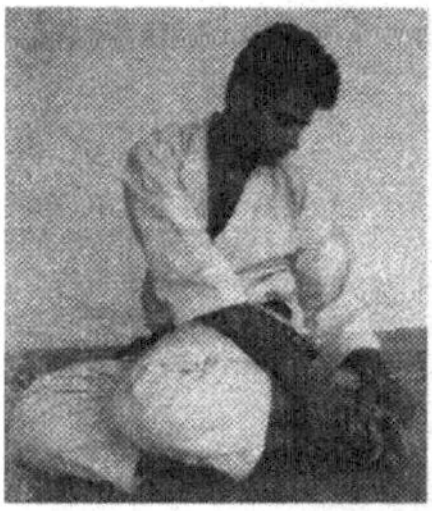
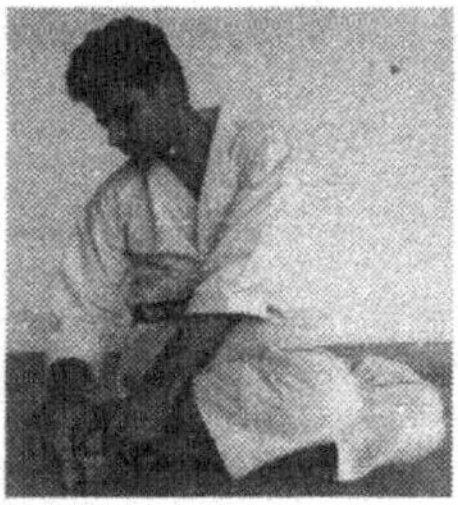

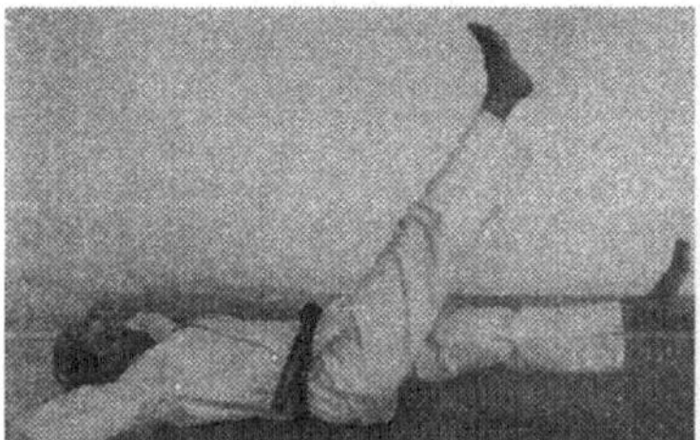
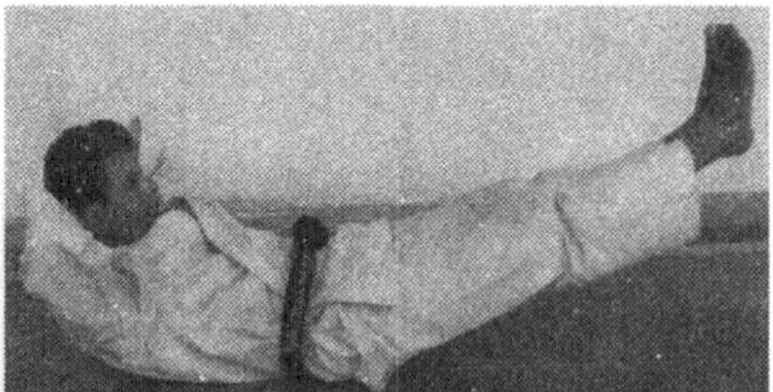

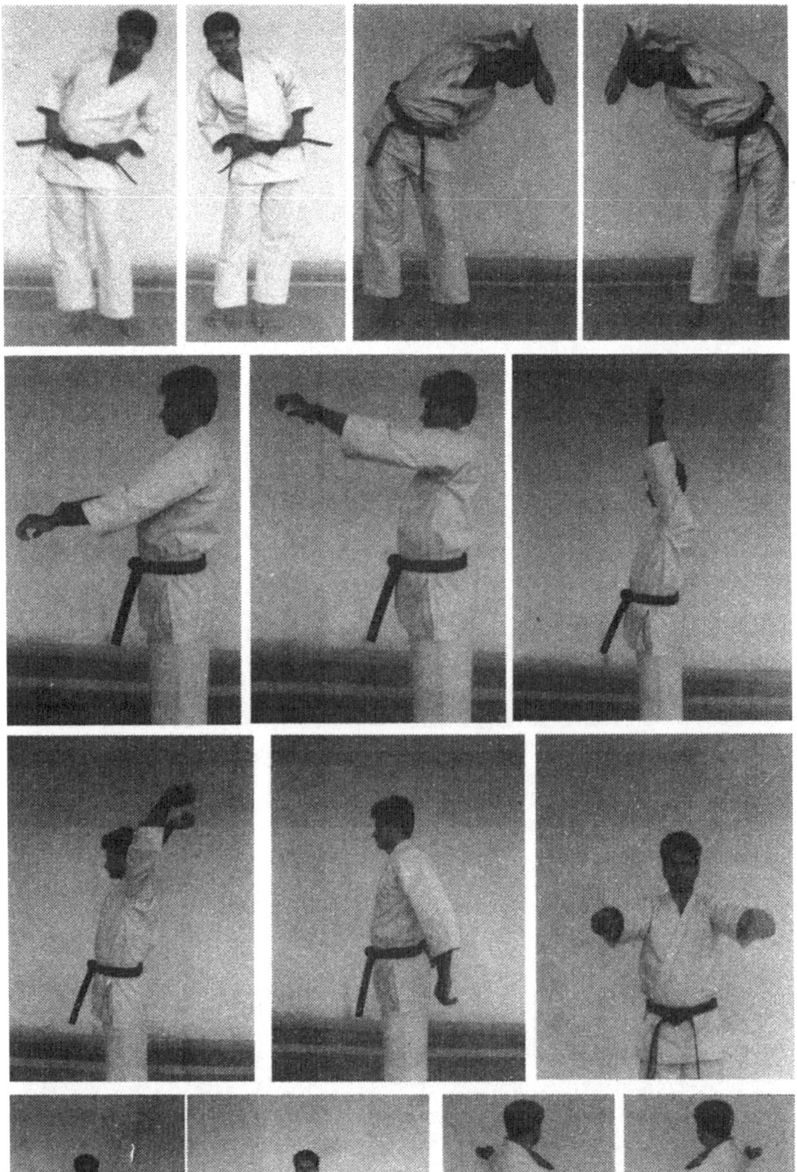

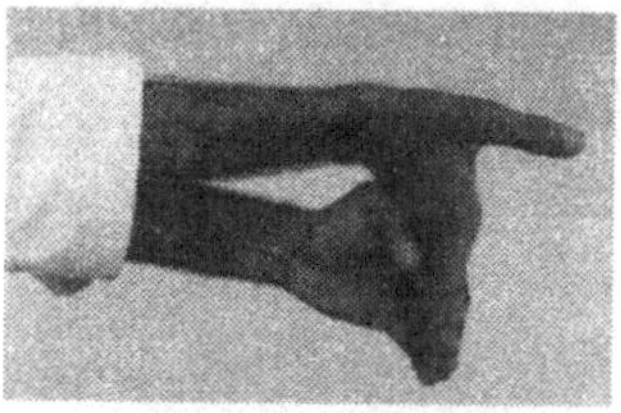
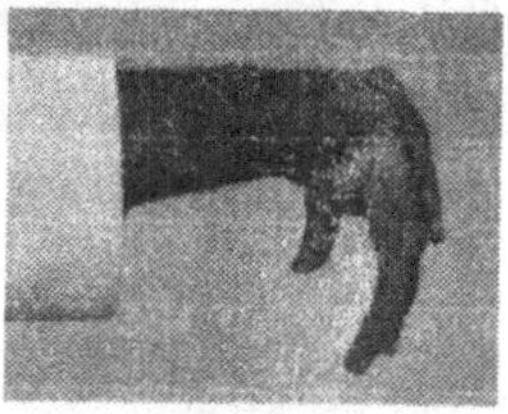
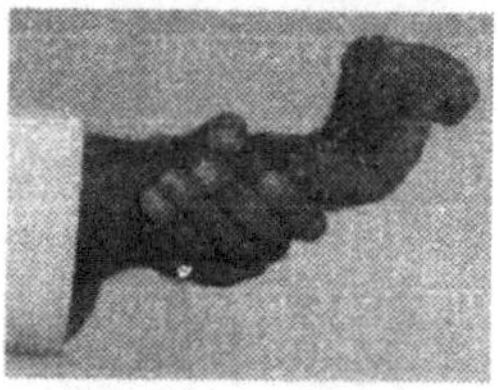
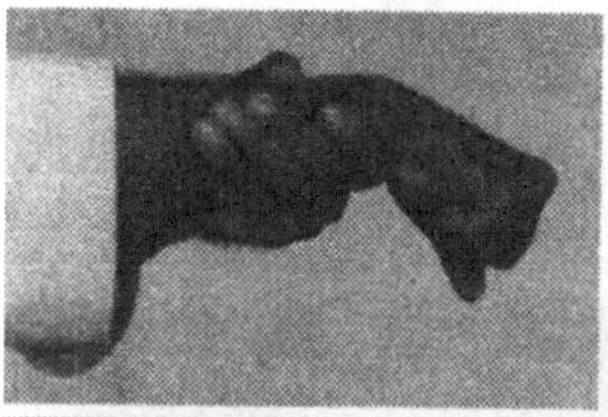

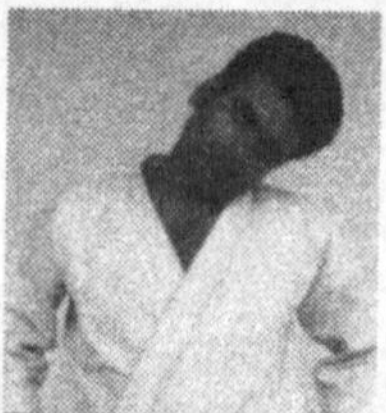

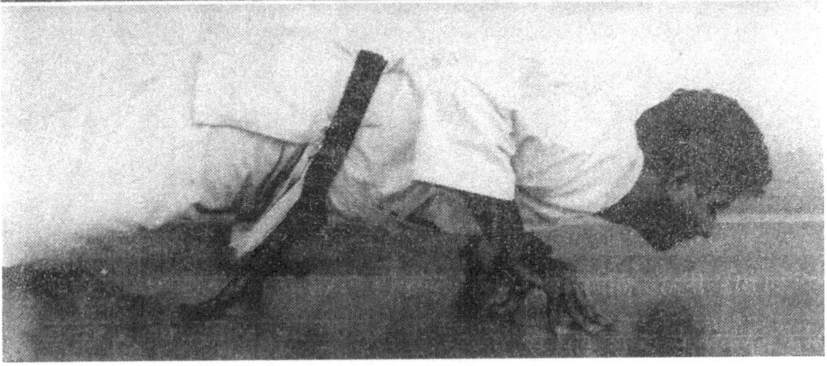

इसी प्रकार हम सिर से वार्मअप शुरू करते हैं तो इसका उल्टा करना होगा। सबसे पहले गर्दन, कंधे, कुहनी, कलाई, हाथ की ऊँगलियाँ उसके पश्चात् पेट, कमर, कूल्हे, घुटने तथा उसके पश्चात् टखना व पैरों की ऊँगलियों पर खत्म करते हैं और यह सब करने से पहले ध्यान रखा जाए कि एक से दो किलोमीटर, दौड़ना बहुत जरूरी है, तत्पश्चात् आप एक्सरसाईज शुरू करें और एक्सरसाईज के बाद आप बॉडी स्टेचिंग, एक्सरसाईज (शरीर को खींचने वाली) जरूर करें और साथ में 100 तक दंड लगाना भी जरूरी हैं।

वार्मअप एक्सरसाईज व स्टेचिंग एक्सरसाईज और दौड़ने से आपका शरीर लचीला व फुर्तीला बनेगा तथा दंड लगाने से आपके शरीर में ताकत आयेगी।

कराटे के अभ्यास के तरीके

कराटे को अभ्यास करने के तीन प्रकार के तरीके हैं जैसे:-

1. इंडो खिहोन Basic बेसिक

2. काता **Kata** काल्पनिक फाइट

3. कुमिते Kumite फाइट

आवाज निकालना क्यों जरूरी

कराटे कला के अभ्यास में जोर-जोर से चिल्लाना या आवाज निकालना अति महत्वपूर्ण माना जाता है। जब कराटे अभ्यास के दौरान आवाज निकालते हैं तो ध्यान एक ही जगह पर रहता है। जिस भी टैक्निक्स का अभ्यास कर रहे हैं या जिस बिन्दु पर (हिस्से पर) अटैक (मार) कर रहे हैं, तो पूरा ध्यान वहीं पर केन्द्रित होता है और उस वक्त बाहर की दुनियाँ का ख्याल नहीं रहता। इस प्रकार हमारी एकाग्रता बनी रहती है, और हम अपना ध्यान केन्द्रित करने में सफल रहते हैं। इसके अलावा जब कुमिते (फाईट) का अभ्यास किया जाता है तो आवाज इसलिए निकाली जाती है कि अभ्यास के दौरान एक-दूसरे पर किक या पंच के प्रहार को सहन करने की शक्ति मिलती है। या यूँ कहा जाए कि किक या पंच के प्रहार का कोई असर नहीं पड़ता। तेज आवाज निकाल कर अपने विरोधी को डरा भी सकते हैं। खासकर उस व्यक्ति को जो इस कला से अनजान हैं। इस प्रकार तेज आवाज निकालने से सहनशक्ति के साथ-साथ ध्यान (मेडिटेशन) क्रिया भी हो जाती है। इसके अलावा यह भी जानना जरूरी है कि हमारे शरीर में योगा के अभ्यास में जो सात चक्र बताए जाते हैं जैसे:-

(1) सहस्त्रधार चक्र (2) आज्ञा चक्र (3) विशुद्ध चक्र

(4) अनाहद चक्र (5) मणिपुर चक्र (6) स्वाधिष्ठान चक्र

(7) मूलाधार चक्र

जब ये चक्र खुलते हैं तो एक प्रकार की शक्ति उत्पन्न होती है। वह उत्पन्न शक्ति और व्यक्ति की दृढ़ इच्छा शक्ति के मिलन को Kiai (क्याई) आवाज कहते हैं।

भाग–3

शरीर के भाग

कराटे कला में शरीर को मुख्य तीन भागों में बाँटा गया है।

1. जोदान- (फेस लेवल) गर्दन से ऊपर का हिस्सा

2. चुदान- (मिडिल लेवल) गर्दन से नाभि तक का हिस्सा

3. गेदान- (डाऊनर लेवल) नाभि से नीचे पैरों की ऊँगलियों तक।

कराटे अभ्यास के दौरान जब टैक्निक्स (तकनीकी) करने के लिए आदेश दिए जाते हैं, तो उस समय शरीर के इन तीन हिस्सों का बखूबी प्रयोग किया जाता है। इन तीन महत्वपूर्ण हिस्सों के बिना टैक्निक्स (तकनीकी) को समझाना या समझना बड़ा मुश्किल होता है, इसलिए टैक्निक्स आसानी से समझाने व समझने तथा उसे याद रखने के लिए ये तीनों भाग हमेशा प्रयोग में लाये जाते हैं कि कौन सी किक या पंच शरीर के किस हिस्से या लेवल पर मारा जाएगा। उदाहरण के तौर पर जैसे कि :-

1. मवासी गेरी जोदान-फेस लेवल राऊण्डस किक।

2. माया गेरी चुदान- मिडिल लेवल फ्रंट किक।

3. मवासी गेरी गेदान- डाऊनर लेवल राऊण्डस किक।

आगे चित्रों में दिखाया गया है।

☞ ठीक इसी तरह पंच (हाथों) से अटैक और ब्लॉक करने के आदेश दिए जाते हैं।

जैसे:-

(1)	जोदान सुकी	-	'फेस पंच
(2)	चुदान सुकी	-	मिडिल पंच
(3)	गेदान सुकी	-	डाऊनर पंच
(4)	जोदान उक्के	-	फेस ब्लॉक
(5)	चुदान उक्के	-	मिडिल ब्लॉक
(6)	गेदान उक्के (बराई)	-	डाऊनर ब्लॉक

☞ आगे चित्रों में दिखाया गया है।

इस प्रकार जितने भी प्रहार या बचाव करने के तरीके हैं, उन सभी में जोदान, चुदान तथा गेदान लेवल का प्रयोग होता है या प्रयोग करने का आदेश दिया जाता है।

कराटे के भाग

जिस प्रकार शरीर को तीन भागों में बाँटा गया है। उसी प्रकार कराटे को भी चार भागों में बाँटा गया है जैसे कि :-

(1)	सुकी वाजा	–पंच टैक्निक्स	हैण्ड टैक्निक्स
(2)	उक्के वाजा	ब्लॉक टैक्निक्स	हैण्ड टैक्निक्स
(3)	दाची वाजा	स्टांस टैक्निक्स	लैग टैक्निक्स
(4)	गेरी वाजा	किक टैक्निक्स	लैग टैक्निक्स

(1) सुकी वाजा :- पंच टैक्निक्स

जोदान सुकी

चुदान सुकी

गेदान सुकी

ऊरा सुकी

आगे सुकी

मवासी सुकी

फ्यूरा सुकी

ताताकैन सुकी

किजामे सुकी

सोतोई सुकी जोदान,

सोतोई सुकी चुदान

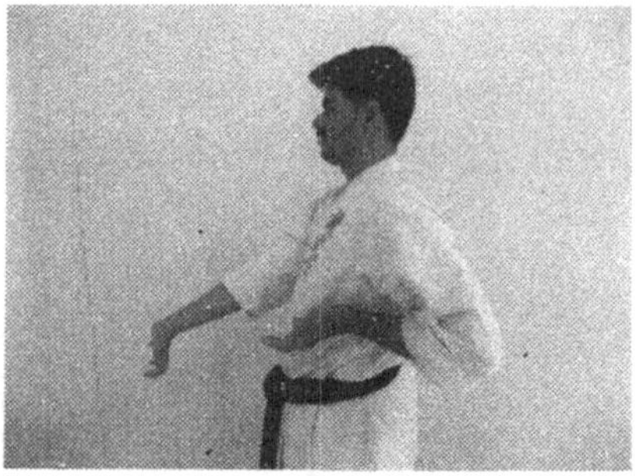

सोतोई सुकी गेदान

चोको सुकी

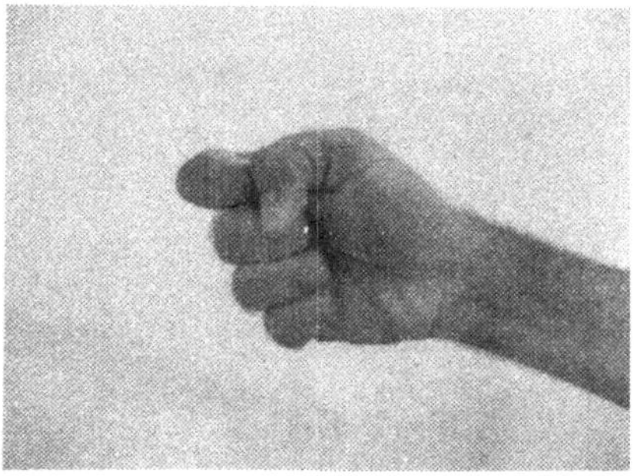

नाका–दाका केन सुकी

मोरोते सुकी

अवासी सुकी

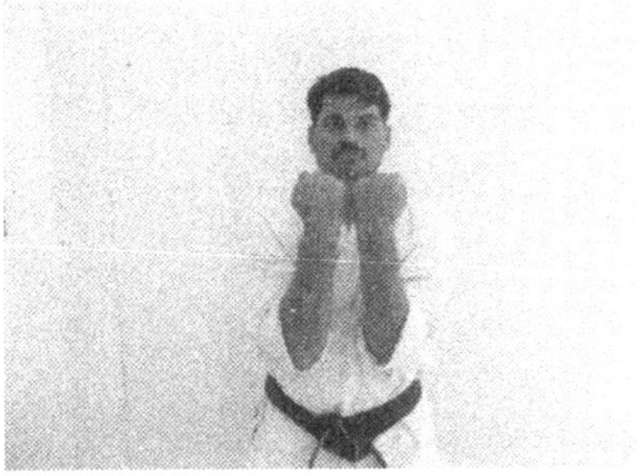

माया ऊराकेन उची

सायो उची

फ्यूरा उची

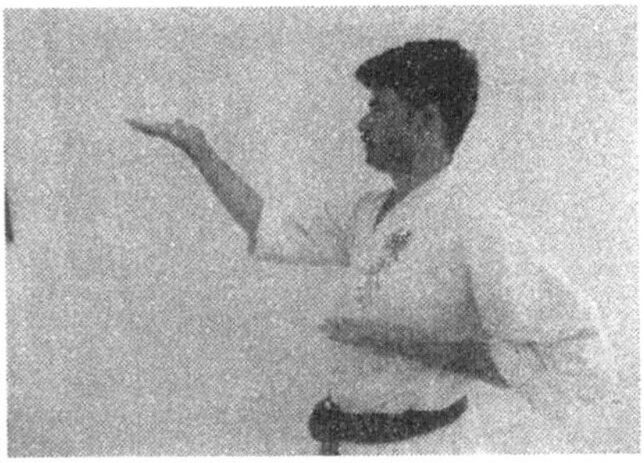

मवासी सोतो उची

सोतो गमन उची

हाइतो उची

जोदान नुकिते

चुदान नुकिते

गेदान नुकिते

मवासी हिजी आते

माया हिजी आते

आगे हिजी आते

योको हिजी आते

उसीरो हिजी आते

उसीरो आगे हिजी आते

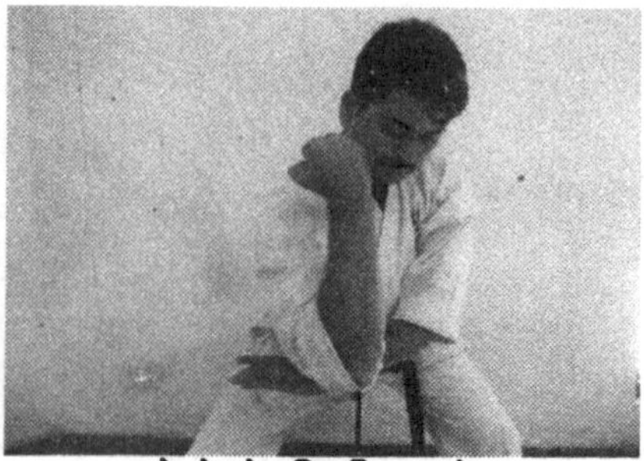

ओतोसो हिजी आते

उक्के वाजा :– ब्लॉक टैक्निक्स

जोदान उक्के

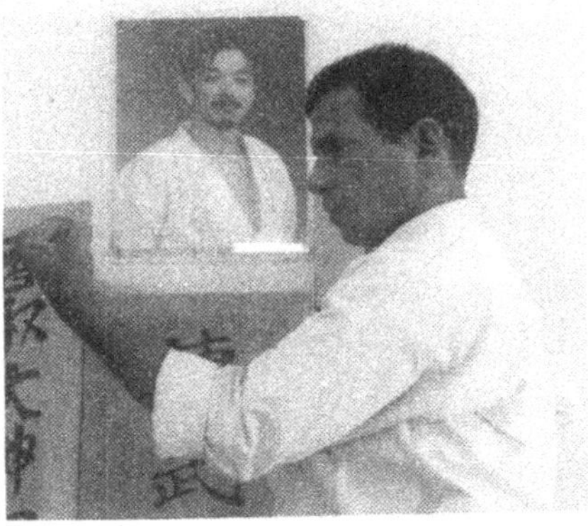

सोतो उक्के

गेदान बराई (उक्के)

कोकेन उक्के

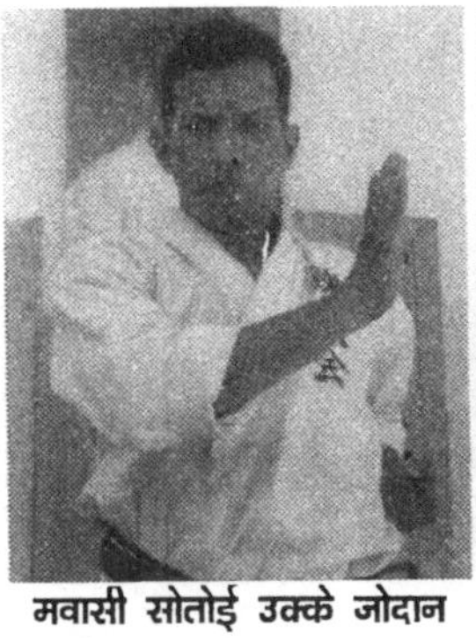

मवासी सोतोई उक्के जोदान

चुदान

गेदान

उची उक्के

जुजी उक्के जोदान

जुजी उक्के गेदान

स्तो उक्के

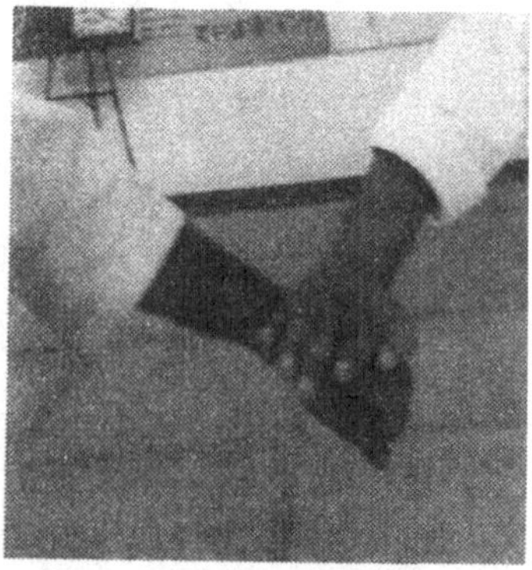

ओसाई उक्के

दाची वाजा :– स्टांस टैक्निक्स

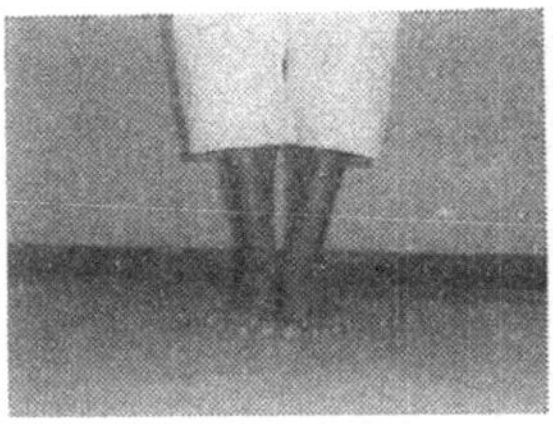
हाई सिको दाची

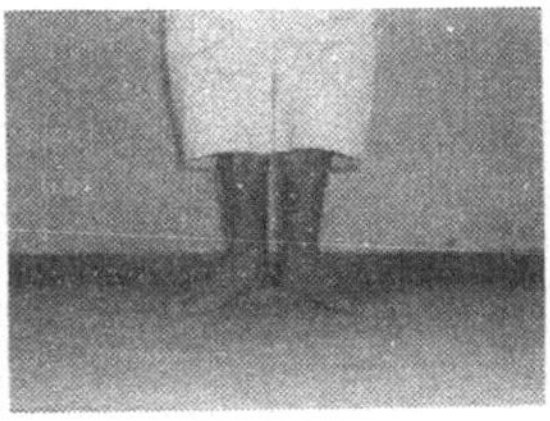
मोस्वी दाची

हाईको दाची

उचीहची दाची

नफंसी दाची

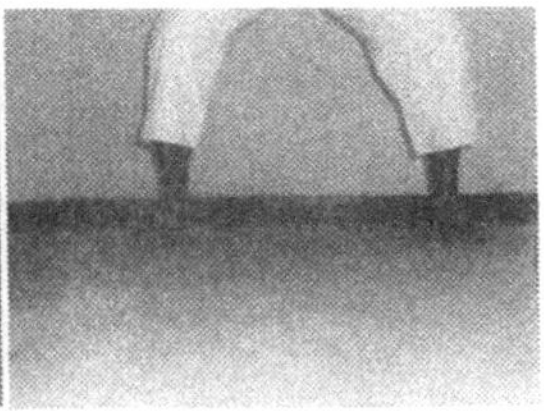
नाय दाची

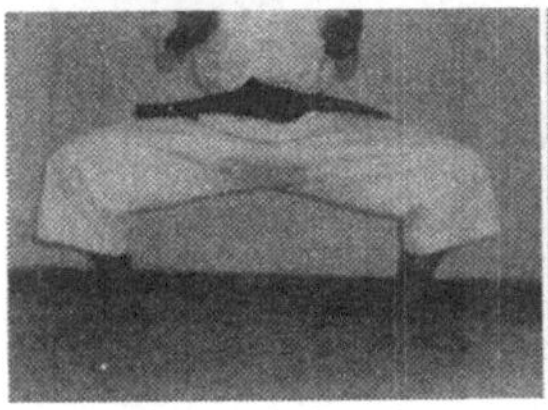
सीको दाची

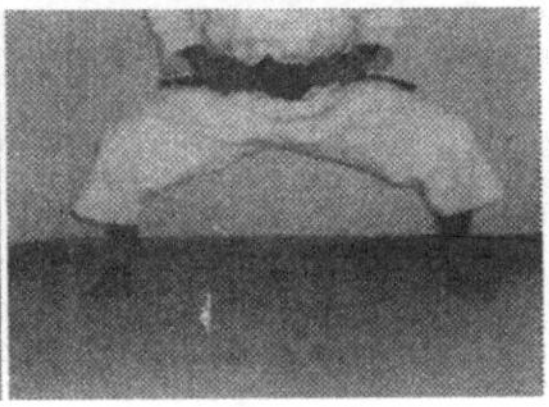
किबा दाची

कोकुत्सु दाची

कोसा दाची (काकी दाची)

जेंगुत्सु दाची

मोतो दाची

निकोअसी दाची

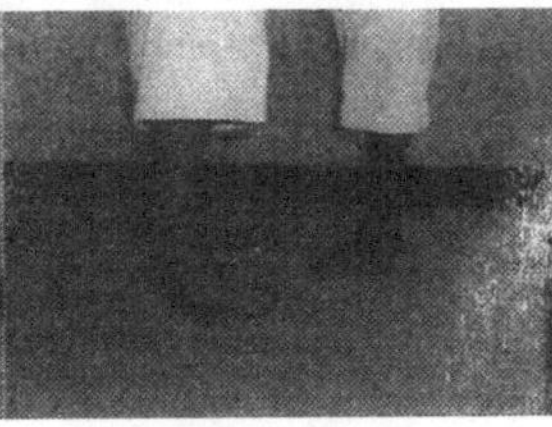
सनचीन दाची

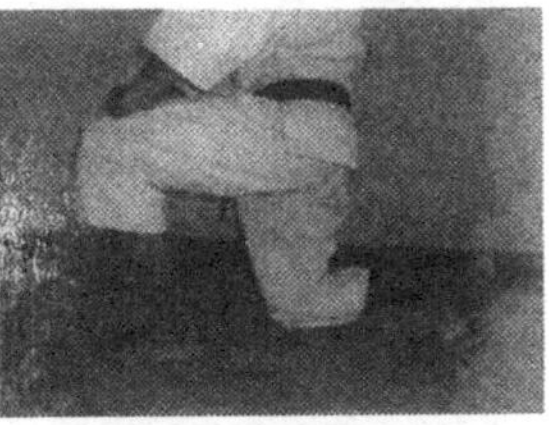
काता हिजा दाची

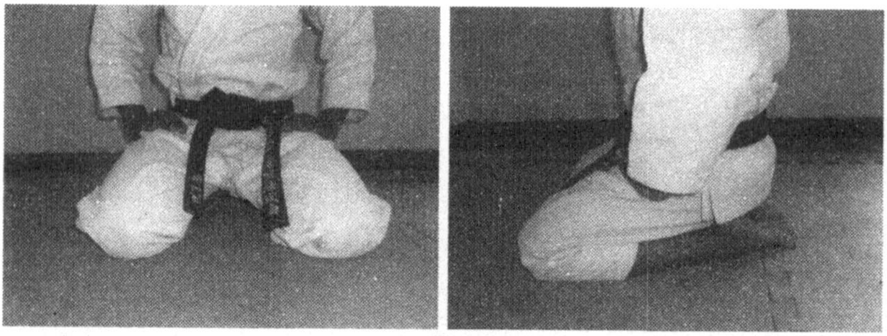

सीजा

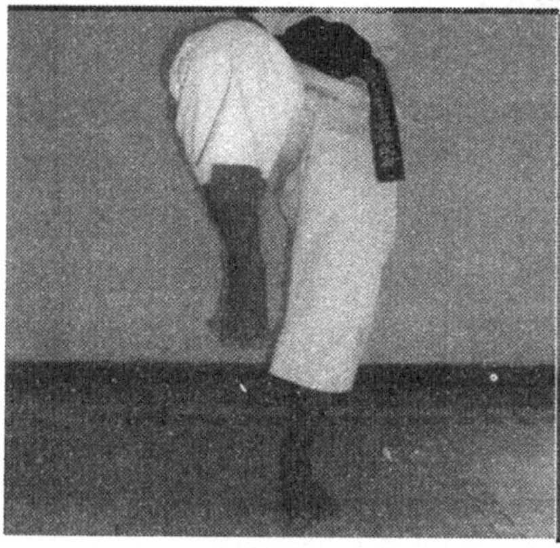

सुर्या आसी दाची

सांगी आसी दाची

गेरी वाजा :– किक टैक्निक्स

मवासी गेरी जोदान

मवासी गेरी चुदान

मवासी गेरी गेदान

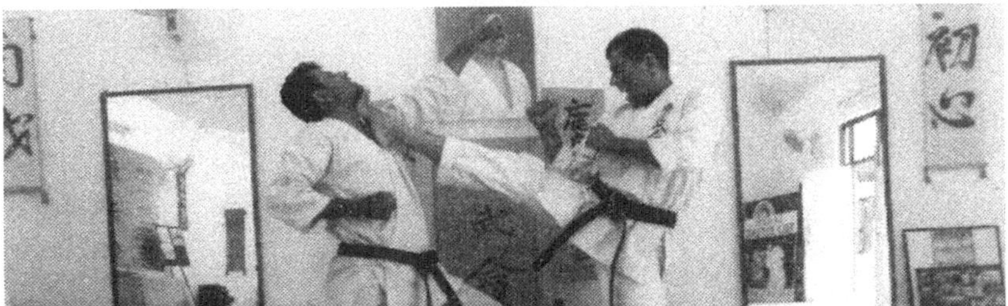

माया गेरी जोदान

माया गेरी चुदान

माया गेरी गेदान

ऊरा मवासी गेरी (काकी गेरी)

योको गेरी जोदान

योको गेरी चुदान

कनसेत्सु गेरी

ओसीरो गेरी

सोतो मवासी गेरी

उची मवासी गेरी

ककातो गेरी

माया हिजा गेरी

मवासी हिजा गेरी

आसी बराई

काता क्या है और इसका जीवन में क्या महत्व है?

काता का मतलब है काल्पनिक फाइट। कल्पना करके लड़ने का तरीका। काता ध्यान लगाने का सबसे अच्छा तरीका है। इसमें एक बार में कुछ गिने–चुने कदम रखने होते हैं। इसमें हर कदम को ताकत, नियन्त्रण और सही तकनीकी या तरीके से रखना होता है। यह तभी किया जा सकता है जब आप दुनियादारी को भूलकर अपने हर कदम और तकनीकी की गहराई में डूब जायें। इस तरह यह ध्यान लगाने का सबसे अच्छा तरीका है। इसके साथ–साथ काता के अभ्यास से कुमिते यानि फाइट लड़ने का तरीका बहुत अच्छा होता है। काता कई प्रकार के होते हैं और उनके अलग–अलग मतलब होते हैं। जैसे:-

(1) काता टेकयूकु इच, नी, सन (Taikyoku Ichi, Ni, San):- इसका मतलब है ब्रॉड माइंड अथवा बड़ा दिमाग। अपने दृष्टिकोण को बड़ा रखना। किसी भी चीज को नीची मानसिकता से न देखकर ऊँची मानसिकता से देखना। नी और सन का भी यही मतलब होता है।

(2) काता पिनान सोदान, निदान, संदान, यनदान, गोदान (Kata Pinan Sodan, Nidan, Yandan, Gadan):- इस काता का मतलब है शान्तिपूर्ण मन। शान्ति और सद्भावना। काता में भौतिकता (ऐशोआराम) से लड़ने के लिए इस्तेमाल करने की तकनीक शामिल है। काता का उद्देश्य है शान्तिपूर्ण मन, दिमाग और शरीर के बीच सामंजस्य का विकास।

काता पिनान सोदान

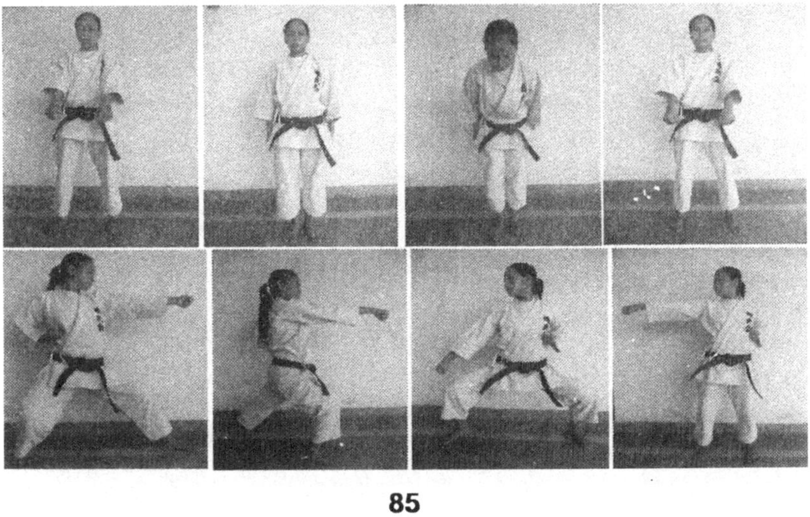

(3) **काता संचीन** (Kata Sanchin) संचीन का मतलब है तीन लड़ाइयाँ, तीन अंक या तीन चरणों को एक समय में विकसित करना।

1. मन, शरीर और आत्मा

2. आंतरिक अंगों, रक्त परिसंचरण और तंत्रिका तंत्र

3. पैर, पेट, दिमाग को एक-दूसरे के साथ जोड़ते हुए कठोर बनाना

(4)**तेनशो (Tensho):-**इस काता का मतलब है बढ़ते हुए हाथ।

(5) **यंतसु (Yantsu):-** इसका मतलब समता (बराबरी) बनाये रखना है तथा सिद्धांतों और आदर्शों की पवित्रता बनाये रखने के लिए हमेशा प्रयास करना।

(6) साईफा (Saifa) इसका मतलब फाड़ना या बड़ी लहर वो जो सिद्धांतों के लिए हमेशा खड़ा रहे। बड़ी से बड़ी समस्या का दृढ़ संकल्प से सामना करे और एक मजबूत भावना व इरादे से उसे तोड़ सके।

(7) तसुकी नो काता (Tsuki No Kata):- इसका मतलब हमें किस्मत और भाग्य के भरोसे नहीं रहना चाहिए। इस काता में हर बार मुक्का मारते वक्त हमें कल्पना करनी चाहिए कि हम किसी बाधा को तोड़ रहे हैं। लगातार और मजबूत प्रयास के साथ समस्याओं का समाधान कर सकें।

(8) सीपाई (Seipai) :- इसका मतलब है 18 (अट्ठारह), जो कि भारतीय संस्कृति और बौद्ध धर्म के अनुसार एक शुभ अंक है। कई बार इस काता को हम सिपाईते के नाम से जानते हैं। बौद्ध धर्म के अनुसार 18 को हम छः, छः, छः के तीन भाग करते हैं। जहाँ पर छः का मतलब 6 चीजों से है और 6 चीजों को व्यक्त करता है- (1) कतार, (2) आवाज, (3) स्वाद, (4) खुशबू, (5) छूना, (6) न्याय और जो 3 अंक हैं वे तीनों चीजों को व्यक्त करते हैं। (1) अच्छा, (2) बुरा, (3) शान्ति

(9) सीएनचिन या समुराई काता (Seien Chin):- पुराने समय में समुराई लोगों को ताकत और दृढ़ इच्छा शक्ति की जरूरत होती थी। क्योंकि वे महीनों तक बाहर रहते थे। सीएनचिन काता करने से हमें ताकत और दृढ़ इच्छा शक्ति मिलती है, क्योंकि इस काता में हम किबा दाची का अधिक अभ्यास करते हैं और धीरे-धीरे और तेज तकनीकियों का इस्तेमाल करते हैं। इससे हमें योद्धाओं की तरह ताकत मिलती है। यह एक योद्धाओं का काता है।

(10) गेक्सई दाई/गेक्सई शो (Geksa dai/sho):- इसका मतलब जीत और कब्ज़ा, एक प्रकार से इसका मतलब नष्ट या बर्बाद करना भी होता है। दाई का अर्थ है बड़ा और शो का मतलब है छोटा। सई का मतलब है किला या गढ़, गेक् का मतलब है टूटना, यह काता हमें संयोजन के उपयोग, गतिशीलता और द्रवता के माध्यम से शक्ति सिखाता है। हमले और प्रतिक्रिया का लचीलापन, कठोर और जानवर शक्ति से हमेशा बेहतर होता है।

(11) कांकु दाई (Kanku Dai):-आसमान देखना, इस काता को "उगते सूरज" के रूप में भी जाना जाता है। कान का मतलब है अच्छा पालन और कु का मतलब है ब्रह्मांड या हवा या खालीपन। हम अपने हाथों में त्रिकोण बना कर पीछे झुकते हैं और ब्रह्मांड और उगते सूर्य की ओर एक ताक से देखते हैं। इसका महत्व यह है कि कितनी भी बड़ी समस्या या दुविधा क्यों न हो, प्रत्येक दिन सूर्य उगता है और ब्रह्मांड तुम्हारे सामने होता है। कुछ भी इतना भयानक नहीं होता कि वह अस्तित्व की बुनियादी वास्तविकता को प्रभावित करे। जब तक तुम यहाँ हो और आकाश और सूर्य तुम्हारे सामने हैं, तुम कभी हार नहीं सकते।

(12) गरयू (Garyu):- इसका मतलब झुका हुआ ड्रेगन। यह एक झुके हुये ड्रेगन यानि अजगर की विनम्रता प्रतिनिधित्व करता है जो कि शक्तिशाली है, लेकिन अपनी शक्ति का प्रयोग नहीं करने का चुनाव करता है।

इसी प्रकार और भी बहुत से काता होते हैं, जिनके अलग-अलग मतलब होते हैं, जो जीवन को संवारने में या सही मार्ग पर ले जाने में हमारे सहायक होते हैं।

कुछ बेसिक सैल्फ डिफेन्स

No. 1

No. 2

No. 3

No. 4

No. 5

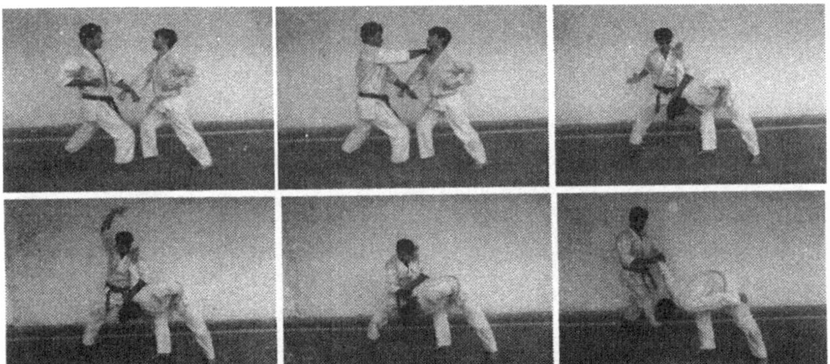

No. 6

हाथों और शरीर को मजबूत करने के तरीके और कुछ अभ्यास

कराटे कला के अभ्यास के दौरान हाथों को मजबूत करने के तरीके भी बताये जाते हैं। इसके अलग-अलग बहुत से तरीके हैं जैसे:-

1. नकल्स (हाथों की गाँठों) पर दंड लगाना।
2. नकल्स और पैरों के सहारे आगे-पीछे चलना।
3. रेत व लकड़ी के बुरादे से भरी बॉक्सिंग किट पर अभ्यास करना।
4. गेहूँ या चावल की बोरी पर पंच का अभ्यास करना।
5. मक्की बाड़े पर अभ्यास करना।
6. हाथों की ऊँगलियों पर दंड लगाना।
7. खुले गेहूँ या चावल की बोरी या फिर बालू में खुले हाथ से अभ्यास करने से हाथों की ऊँगलियाँ मजबूत हो जाएंगी।

इसके अलावा बहुत से ऐसे तरीके हैं जिनके अभ्यास करने से हाथ व पैर मजबूत हो जाते हैं।

ध्यान रहे जोश में आकर दीवार पर हाथ और पैरों को मारकर इन्हें मजबूत करने की कोशिश न करें। इससे आपका नुकसान भी हो सकता है। शिक्षक की शरण में रहकर ही इन सभी क्रियाओं का अभ्यास किया जाये।

कुमिते

(आत्मविश्वास और सहनशक्ति कैसे पैदा होती है?)

कुमिते का मतलब फाइट (लड़ाई) से है। यह कराटे का अति महत्वपूर्ण भाग है। अगर आप कुमिते का अभ्यास नहीं करेंगे, तो केवल कराटे का पुतला ही कहलायेंगे। कठिन परिस्थिति में अपने आपको बचा नहीं सकते, क्योंकि अगर प्रत्यक्ष रूप से अभ्यास नहीं किया जाएगा अथवा मारने व मार खाने और विरोधी के वार से बचने का अभ्यास नहीं किया जाएगा, तो कठिनाई के समय शत्रु द्वारा किए गए वार से बचना मुश्किल है। कुमिते करने से सहनशक्ति और आत्मविश्वास का सबसे ज्यादा लाभ होता है तथा मेडिटेशन व ध्यान कुमिते का अभिन्न अंग है। इसके बिना कुमिते (फाइट) नहीं किया जा सकता। क्योंकि जब विरोधी लड़ने के लिए सामने खड़ा होता है तो उस वक्त दिल, दिमाग, हाथ और पैर शरीर के चारों हिस्सों से तथा दृढ़ इच्छा शक्ति से एक साथ प्रहार किया जाता है और शरीर का सबसे जरूरी अंग आँखों को चौकन्ना रखने के साथ-साथ दुश्मन की या विरोधी की आँखों में आँखें डालकर उसकी चाल को समझना पड़ता है। इस तरह ध्यान, विरोधी और उसकी चाल पर केन्द्रित हो जाती है और उसके हर वार को नाकाम करता है। जब विरोधी पर विजय प्राप्त कर लेते हैं तो वही समय होता है जब सबसे अधिक आत्मविश्वास में इज़ाफा होता है। सहनशक्ति का जहाँ तक सवाल है अभ्यास के दौरान थक जाने के बाद भी कराटे का अभ्यास करने के लिए लगे रहते हैं। अपने सहयोगी को मारते और उससे मार खाते समय लगी चोट को नजरअंदाज कर देने से या कुमिते के दौरान चोट लगने जैसे कि होठ कट जाना, दांत व नाक से खून आने पर भी नजरअंदाज करके लड़ने के लिए तैयार रहते हैं, तो वहाँ पर हमारे अंदर सबसे ज्यादा सहनशक्ति में इज़ाफा होता है और एक ऐसी जिद्द मिलती है जो मुश्किल से मुश्किल काम को पूरा करने के लिए सहायक हो। लेकिन यह जरूरी नहीं है कि सहनशक्ति मिलने के लिए चोट लगनी जरूरी हो। कराटे कला का नियमानुसार अभ्यास ही अपने आपमें एक ऐसी जिद्द और सहनशक्ति और आत्मविश्वास पैदा करता है, जो कि आपके जीवन में कठिन से कठिन काम को आसान करने में सहायक हो। परन्तु यह जरूरी है कि आपको तन-मन-धन और सबसे जरूरी समय नियमानुसार कराटे कला के अभ्यास को या कराटे को समर्पित करना पड़ेगा। वैसे तो कुमिते कई प्रकार के होते हैं जैसे:-

(1) बोगु कुमिते:- सिर और छाती पर कवच पहन कर फाइट (कुमिते) करना। इसमें पूरी ताकत से प्रहार किया जाता है।

(2) **जिसीन कुमिते:**-बिना कवच (गार्ड) के पूरी ताकत के साथ प्रहार करते हुए फाइट (कुमिते) करना।

(3) **सेन्दैम कुमिते:**- इसमें हाथों और पैरों में गार्ड पहनकर फाइट (कुमिते) की जाती है, इसमें सामने वाले को चोट लगने से बचाया जाता है। इस कुमिते में विरोधी को हाथ या पैर छूने से पहले ही वापस खींच लिया जाता है।

(त्रैसे तो मुख्यत: तीन प्रकार के ही कुमिते होते हैं, लेकिन इन तीनों प्रकार के कुमितों को सही ढंग से सीखने के लिए इन्हीं कुमितों को छोटे-छोटे टुकड़ों या हिस्सों में बाँटा गया है जैसे:-

(1)	रंदौरी कुमिते	:	फ्री फाइटिंग
(2)	यक्षो कुमिते	:	फ्री अरेंज फाइटिंग
(3)	इपोन कुमिते	:	वन स्टैप फाइटिंग
(4)	सेनवोन कुमिते	:	थ्री स्टैप फाइटिंग
(5)	जीयू कुमिते	:	फ्री फाइटिंग

तामेश्वरी
और हैरतअंगेज कारनामें

तामेश्वरी (ब्रेकिंग):- इसके लिए आप अपने दिमाग, शारीरिक शक्ति व मानसिक शक्ति को एकाग्र करके किसी भी चीज को तोड़ने का प्रयत्न करते हैं। ब्रेकिंग के लिए फट्टे, टाइल, बर्फ की सिल्ली आदि चीजों का प्रयोग कर सकते हैं। ध्यान रहे यह प्रयोग प्रशिक्षक के बिना न किया जाए, चोट लग सकती है।

सेन्साई सुबोध घिमान बर्फ की सिल्ली तोड़ते हुऐ (चित्र-1)

चित्र-2 में आग लगाकर टाईल तोड़ते हुये और
चीत्र-3 में नंगे बदन पर लाठी तुड़वाते हुए।

नन्हीं बालिका चैम्पियन अंजना पुरुस्टी ऊपर में टाईल ब्रैक और नीचे पिरामिड पर बैलेन्स बनाते हुये।

नैशनल चैम्पियन ललित के उपर से मोटर साईकल उतारते हुऐ।

ऊपर खिलाड़ी अमरजीत भागकर दिनार पर चढ़ते हुऐ और नीचे ललित कुमार चलती मोटर साईकल के ऊपर से जम्प मारते हुये।

ऊपर एक खिलाड़ी चलती मोटर साईकल के ऊपर से उल्टा जम्प मारते हुये।

कुबोडो

(हथियार)

हथियार में साई, तुम्फा, कताना, यावारा, नाइनचाकू, सहनाई, बो और जो आदि आते है।

टोकियो (जापान) में सेन्साई सुबोध घिमान जापानी योद्धाओं की वेशभुषा में तलवार बाजी करते हुऐ।

सेन्साई सुबोध व सेन्साई अजय शर्मा लाठी का प्रदर्शन करते हुऐ।

香取大神宮
鹿島大神宮
初心

鹿島大神宮

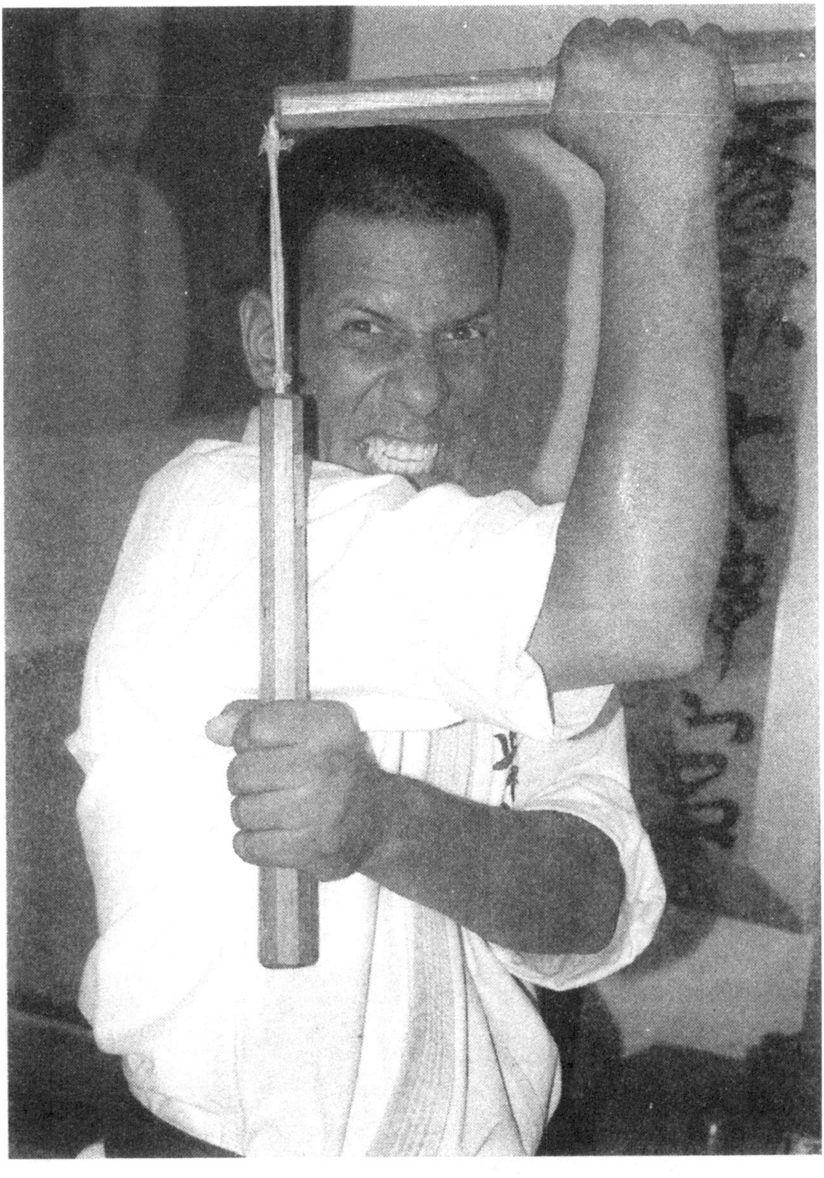

साफ-सफाई

गी:- यानि कराटे ड्रैस को हमेशा क्लीन मतलब साफ-सुथरा रखना चाहिए और हमेशा ध्यान रहे कि कराटे गी (ड्रेस) में किसी में किसी प्रकार का कोई भी रंग अथवा नील नहीं डालना चाहिए।

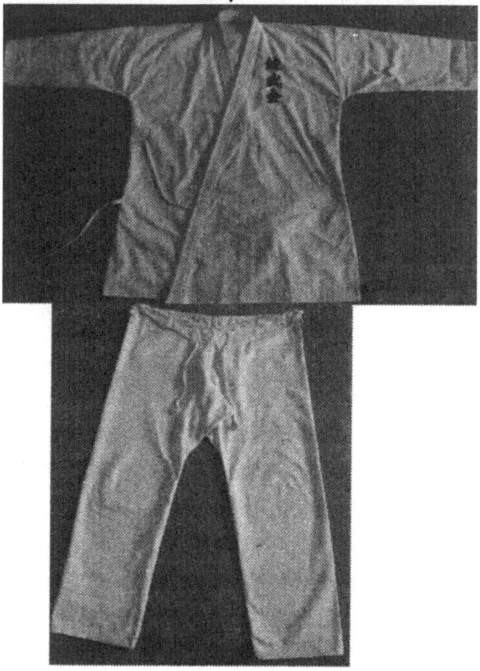

ओबी :- कराटे ओबी (बेल्ट) को कभी धोना नहीं चाहिए तथा जान-बूझकर मैला नहीं करना चाहिए। इसे धोना इसलिए नहीं चाहिए, क्योंकि वह आपका तजुर्बा होता है और तजुर्बा कभी धोया नहीं जाता। तजुर्बे को साफ नहीं किया जाता, उसे मिटाया नहीं जाता।

भाग–4

कुछ शब्दों के अर्थ

1. औसः (औसिसियनबु) अपने और दूसरे के लिए आदर, सहनशीलता, किसी की इच्छा शक्ति को बाहर निकालकर उसे बढ़ावा देना। (डोजो के अन्दर या डोजो के बाहर) अपने आपको औस कहते हुए अपने आपको मानसिक रूप से तैयार करना कि मैं अपनी क्षमता का सौ प्रतिशत देने के लिए तैयार हूँ। वह आदमी हमेशा सफलता प्राप्त करता है, जो किसी भी कार्य में अपना सौ प्रतिशत समय देने के लिए तैयार है।

2.	आरीगातो गोजायमस्ताः	सह धन्यवाद
3.	औनाईगेसीमस	सर कृप्या आप मुझे सिखाइये
4.	इसइन जुकु क्योकुसिन	साफ हृदय और दृढ़ इच्छा शक्ति का स्थान
5.	रेनबुकाई	सभी युद्ध कलाओं का अभ्यास करने का स्थान
6.	मवाते	घूम जाना
7.	योय	शारीरिक व मानसिक रूप से तैयार होना
8.	खमे	ऐक्शन के लिए तैयार
9.	ग्याकु	रिवर्स पंच
10.	ओई सुकी	सेम लैग सेम हैण्ड पंच
11.	नोरे(यमे)	अपनी पोजीशन में वापिस आना
12.	सगारी	पीछे चलना
13.	योको जैनसीन	साइड जाना
14.	माईजैनसीन	आगे जाना
15.	सीजा	दोनों पैर पीछे मोड़कर बैठना

16.	अंजा	अलथी–पलथी लगाकर बैठना
17.	हामोशोते	एक घुटना जमीन में रखना
18.	डोजो	जिम
19.	सेन्साई	गुरू
20.	सेम्पाई	सीनियर
21.	माक्सु	ध्यान (मेडिटेशन)
22.	कराटे–डो	कराटे का रास्ता
23.	गी	कराटे ड्रेस
24.	ओबी	बेल्ट
25.	काता	काल्पनिक फाइट
26.	कुमिते	फाइट
27.	हजमे	शुरुआत
28.	यमे	रुकना
29.	क्यु	ब्लैक से पहले की बेल्ट
30.	जोदान	गर्दन से ऊपर का हिस्सा
31.	चूदान	गर्दन से नाभि के बीच का हिस्सा
32.	गेदान	नाभि से नीचे का हिस्सा

गिनती

English	1	2	3	4	5	6	7	8	9	10
Japanese	Ichi	Ni	San	Shi	Go	Roku	Shichi	Hachi	KU	JU

कराटे शैली

कराटे की बहुत सारी शैलियाँ हैं जैसे:-
रेनबुकाई
क्योकसीन काई
गोजोरीयू

सितोरीयू

सेतोकान

वाडोरीयू आदि

इनमें कुछ शैली ऐसी हैं, जो स्पोर्ट्स कराटे (सेमी कॉन्टेक्ट) में विश्वास करती हैं। जो कि शरीर को छूने से पहले ही किक या पंच को वापिस खींच लिया जाता है और कुछ शैलियाँ ऐसी हैं, जो पूरी ताकत से प्रहार करने में विश्वास करती हैं, जिसे फुल कॉन्टैक्ट कराटे कहा जाता है।

लेकिन इनमें एक शैली ऐसी भी है जो फुल कॉन्टैक्ट और सेमी कॉन्टैक्ट दोनों में विश्वास करती है, जिसे रेनबुकाई कहा जाता है। मान लिया जाए अगर हम सिर्फ सेमी कॉन्टैक्ट कराटे करते हैं, तो वह गली-मुहल्ले या सड़क की लड़ाई में कामयाब नहीं है। क्योंकि हमारी आदत मारने से पहले पीछे खींचने की पड़ी रहती है। यह शैली केवल खेलों में ही प्रयोग होती है। जैसे:- जिला स्तर, राज्य स्तर, राष्ट्रीय स्तर, एशियन तथा ओलम्पिक खेलों में। अगर हम सिर्फ फुल कॉन्टैक्ट कराटे करते हैं, तो फिर हम सैमी कॉन्टैक्ट कराटे (स्पोर्टस कराटे) नहीं कर पाते, जो कि भविष्य बनाने के लिए बहुत जरूरी है परन्तु यह शैली-फुल कॉन्टैक्ट कराटे इसलिए जरूरी है, क्योंकि हम अपने आपको गली-मोहल्ले या सड़क की लड़ाई में बचा सकते हैं। अब आप विचलित जरूर हो गये होंगे कि हम कौन से कराटे सीखें और दोनों अलग-अलग सीखने का आपके पास समय नहीं है। ऐसा करने से पैसा और समय दोनों ही बर्बाद होता है। परन्तु शैलियाँ दोनों ही जरूरी हैं। लेकिन आप विचलित न हों। आपको पहले ही बताया जा चुका है कि रेनबुकाई एक ऐसी शैली है जो सेमी कॉन्टेक्ट और फुल कॉन्टेक्ट दोनों में विश्वास रखती है, दोनों का ही अभ्यास करती है। इस शैली के अभ्यास से पैसा और समय दोनों ही बच जाते हैं तथा साथ में सेमी कॉन्टेक्ट और फुल कान्टेक्ट कराटे दोनों का अभ्यास भी हो जाता है। खाली इतना ही नहीं रेनबुकाई को मिक्स मार्शल आर्ट भी कहते हैं इसमें सभी आर्टों (युद्ध कलाओं) का समावेश है जैसे कि :- जुडो, कराटे, बॉक्सिंग, किक बॉक्सिंग, थाई बॉक्सिंग, कुंग्फु, वुसु, रेसलिंग, ताइक्वान्डो आदि का मिला-जुला रूप है।

रेनबुकाई बनाने की जरूरत क्यों पड़ी:- इसकी जरूरत इसलिए पड़ी, क्योंकि सेमी कॉन्टेक्ट और फुल कॉन्टेक्ट दोनों ही बहुत जरूरी हैं। पहले ऐसी कोई भी शैली या पद्धति नहीं थी जिसमें दोनों तरह से कराटे का अभ्यास हो। इसलिए सभी स्टाइलों (शैली या पद्धति) के मास्टरों ने इकट्ठे होकर रेनबुकाई जैसे ताकतवर स्टाईल (पद्धति या शैली) को जन्म दिया। इस पद्धति को जन्म देने में सबसे अग्रणीय थे गीका यंग जो कि कोरियन मास्टर थे। वे जापान में रहते थे।

टोकिया (जापान) में सेन्साई सुबोध धिमान जापानी मास्टरों के साथ

रेनबुकाई शैली में दो की बजाय तीन प्रकार के अभ्यास करने के तरीके बनाये गये। पहला सैन्दैम कुमिते। जिसका मतलब मारने से पहले वापस खींच लेना, जो कि स्पोर्ट्स कराटे में आता है, जिसे सेमी कॉन्टेक्ट कहते हैं।

दूसरा जीसिन कुमिते। इसका मतलब पूरी ताकत के साथ प्रहार करना। इसे फुल कॉन्टेक्ट फाईट या कुमिते कहा जाता है और तीसरा है बोगु कुमिते। इसमें करातेका हैड गार्ड (सिर का सुरक्षा कवच) चेस्ट गार्ड (सीने या छाती का सुरक्षा कवच) पहन कर कुमिते (फाईट) करते हैं। बोगु कुमिते में पूरी ताकत से चेहरे और छाती पर प्रहार किया जाता है। परन्तु चोट बिल्कुल नहीं लगती है लेकिन पूरे शरीर में कम्पन्न जरूर पैदा होती है। इस प्रकार बोगु पहन कर कुमिते करने से हमारा शरीर सुरक्षित रहता है तथा साथ ही हमारी पूरी ताकत से प्रहार करने का अभ्यास भी रहता है। इससे एक अलग फायदा उन लोगों के लिए होता है जो कमजोर दिल के होते हैं, जो मारने और मार खाने से डरते हैं। बोगु पहन कर अभ्यास करने से दिल में बैठा हुआ सारा डर निकल जाता है। फिर धीरे-धीरे हम बोगु उतार कर अभ्यास करना शुरू करते हैं, जिसे जीसिन कुमिते कहते हैं, जो हमारी सुरक्षा के लिए बहुत जरूरी है। बोगु कुमिते के अभ्यास से प्रभावित होकर मास्टर गीका यंग ने वापिस कोरिया जाकर ताईक्वाण्डो का निर्माण किया। इस प्रकार ताईक्वाण्डो रेनबुकाई का एक छोटा सा रूप है और क्योक्सीनकाई भी रेनबुकाई का ही एक हिस्सा है। जापान में रेनबूकाई का मुख्यालय (हैड ऑफिस) कानागावा टोकियो में है। इसके अध्यक्ष मास्टर हासीगावा है।

सेन्साई सुबोध धिमान N.S.G. कमान्डो के साथ

अन्तर्राष्ट्रीय स्तर पर जितने भी देशों में रेनबुकाई कराटे सिखाया जाता है, उनकी देख-रेख मास्टर तोशीहिको किकुमुरा करते हैं तथा भारत, पाकिस्तान, नेपाल, भूटान, तिब्बत, बर्मा (नोर्थ ईस्ट एशिया) में इसका कार्यभार सेन्साई सुबोधा धिमान के कन्धों पर सौंपा गया है। सेन्साई धिमान ने कुछ ही वर्ज़ों में अपने कठिन परिश्रम से रेनबूकाई कराटे जैसी महत्वपूर्ण व अद्भुत शैली (पद्वति) को भारत के बहुत से राज्यों के कई हजार करातेकाओं को अवगत कराया है। सेन्साई सुबोधा धिमान हर साल अपनी टीम के साथ जापान जाते हैं और जापान से एक टीम सेन्साई तोसीहिको किकुमुरा के साथ यहाँ पहुंचकर रेनबुकाई की नई-नई तकनीकियों से यहाँ के करातेकाओं को अवगत कराती है और अपने ज्ञान से ओत-प्रोत करती है।

अन्तर्राष्ट्रीय स्तर पर जितने भी देशों में रेनबुकाई कराटे सिखाया जाता है, उनकी देख-रेख मास्टर तोशीहिको किकुमुरा करते हैं तथा भारत, पाकिस्तान, नेपाल, भूटान, तिब्बत, बर्मा (नोर्थ ईस्ट एशिया) में इसका कार्यभार सेन्साई सुबोधा धिमान के कन्धों पर सौंपा गया है। सेन्साई धिमान ने कुछ ही वर्ज़ों में अपने कठिन परिश्रम से रेनबूकाई कराटे जैसी महत्वपूर्ण व अद्‌भुत शैली (पद्धति) को भारत के बहुत से राज्यों के कई हजार करातेकाओं को अवगत कराया है। सेन्साई सुबोधा धिमान हर साल अपनी टीम के साथ जापान जाते हैं और जापान से एक टीम सेन्साई तोसीहिको किकुमुरा के साथ यहाँ पहुंचकर रेनबुकाई की नई-नई तकनीकियों से यहाँ के करातेकाओं को अवगत कराती है और अपने ज्ञान से ओत-प्रोत करती है।

रेनबुकाई क्या है?

औसत व्यक्ति जो मार्शल आर्ट के बारे में जो सोचता है, रेनबुकाई उसी में संभावित है, आप कह सकते हैं कि यह कराटे, जूडो, कूँग-फू, एकिडो, ताईक्वाण्डो आदि है, क्योंकि यह उन कलाओं का स्वरूप है, इस कला में सारे मार्शल आर्ट शामिल हैं, रेनबुकाई का शाब्दिक अर्थ "प्रशिक्षक मार्शल आर्ट एसोसिएशन" रेनबुकाई के छात्रों ने बोगु में पूरी शक्ति के प्रशिक्षण से खुद का और अपनी तकनीक का परीक्षण लेते हैं, रेनबुकाई उन छह प्रमुख कराटे शैलियों में है, जो जापान कराटे फेडरेशन को रूप देती हैं, मार्शल आर्ट के इस सहयोग को रेनबुकाई मार्शल की कला में विकसित किया है। इस कला की रचना सबसे पहले एक भयानक रूप में अपने दुश्मन को बुरी हार देने के लिए या मौत के घाट उतारने के लिए की गयी थी। लेकिन आज के समाज में रेनबुकाई का उद्‌देश्य आपको शारीरिक, मानसिक, भावनात्मक और आध्यात्मिक तरह से पूर्ण और उच्चतम स्तर पर विकसित करना है। कई लोग आत्मरक्षा या शारीरिक अवस्था सुधारने के लिए मार्शल आर्ट सीखते हैं, लेकिन रेनबुकाई के अध्ययन के लिए इस प्राथमिक स्तर से बहुत आगे जाना होता है। रेनबुकाई में छात्र अपनी क्षमता और अक्षमता की पहचान करते हैं और उन्हें शारीरिक और मानसिक प्रशिक्षण के माध्यम से बेहतर बनाने का प्रयास करते हैं। अधिकतम शैलियाँ भौतिक स्तर से आगे नहीं जाती और इस प्रकार वे तीन चौथाई मार्शल आर्ट्स नहीं सीख पाते। रेनबुकाई में, हम शारीरिक ही नहीं, लेकिन एक व्यक्ति के विकास और सुधार के सभी तत्वों का अध्ययन करते हैं। रेनबुकाई खेल या आत्मरक्षा के अलावा एक प्रक्रिया है, जिसके द्वारा आप अपने बारे में और जीवन के विकास के तरीके सीखते हैं।

हालाँकि रेनबुकाई पारंपरिक मार्शल आर्ट पर आधारित है,यह 21 वीं सदी की चुनौतियों का सामना करने के लिए बदला गया है, आगे बढ़ने और विकसित होने के लिए हमें "पुराने" से सीखना और "नये" के लिए अनुकूल होना चाहिए। रेनबुकाई में आप सीखेंगे कि कभी कठोर होना पड़ता है तो कभी नरम, कभी सीधा तो कभी परिपत्र, कभी आक्रामक तो कभी धौर्यवान, अर्थात् रेनबुकाई को अध्ययन करने के लिए आपको यह ध्यान रखना होगा कि हर चीज़ का उपयुक्त समय होता है।

鹿島大神宮
錬武会

श्री जगवीर खटाना जी ब्लैक बेल्ट टेस्ट के दौरान अंजना पुरूस्टी को बेल्ट से सम्मानित करते हुए साथ में सेन्साई सुबोध धिमान एवं सेन्साई अजय शर्मा

सेन्साई अजय शर्मा

दामन छोड़ती जवानी

जवानी जिन्दगी का वह हिस्सा है, जिसमें युवा आसमान को छूने और सूरज को अपनी मुठ्ठी में बन्द करने की चाहत रखता है। दुनिया की कोई भी वस्तु या अजूबा जवानी से सुन्दर नहीं है। अगर किसी खूब धनवान बूढ़े व्यक्ति को कहा जाए कि उसे धन के बदले क्या चाहिए? तो वह भी धन के बदले अपने लिए जवानी की ही मांग करेगा, क्योंकि जिन्दगी की सारी खुशियाँ शरीर से ही शुरू होती हैं। मेरे अजीज़ दोस्त के शब्दों में जवानी का मतलब कहा जाए तो:-

जीवन की ये जवानी, तूफान की निशानी

चाहे तो ये बना दे, चाहे तो ये मिटा दे।

ऊँचा नहीं है दिखता, नीचा नहीं है दिखता

आती उफान यदि तो, जाने कहाँ बहा दे।

उत्साह से लबरेज किसी युवा को देखकर मन करता है कि बस उसे निहारते रहें। न जाने ये कैसा आकर्षण होता है कि न सिर्फ युवा बल्कि समूची युवा पीढ़ी हमेशा ही समाज को अपनी ओर आकर्षित करती रही है। उसके ललाट की चमक और चेहरे की कान्तिमय आभा उसके व्यक्तित्व को गरिमा प्रदान करती है। कठिनाइयों से रीता जीवन उसे किसी भी हालत में पसंद नहीं है और कठिनाइयाँ उसके पैरों की धमक सुनते ही भाग जाती हैं। ऊफनती नदियाँ, बीहड़, दुर्गम पहाड़ और वन प्रान्तर कभी उसके रास्ते के रोड़ा नहीं बनते। असम्भव शब्द उसके शब्दकोष में शामिल नहीं। सूनी रातें कभी उसे बोर नहीं करतीं। यदि वह किसी उद्यम में लग जाए तो दर्जनों रातें वह बिना सोये ही बिता सकता है। **कोई भी असफलता उसे इतना पंगु नहीं कर सकती कि वह फिर से खड़ा न हो सके।** किसी प्रकार की कोई बंदिश उसे अपना नेक मकसद पूरा करने से रोक नहीं सकती। अगर वह जवान है तो मजबूरी की बेड़ियां उसे बांध नहीं सकती। यही है जवानी का असली मतलब।

लेकिन आज ऐसी जवानी कहीं देखने को नहीं मिलती। पूँजीवाद के इस दौर में जवानी तो पूँजी की गुलाम बन कर रह गयी। सुबह से रात तक रोटी का जुगाड़ करती जवानी खुद जुगाड़ बन कर रह गई। उसे इस बात का होश ही कहाँ कि उसकी जवानी कब आई और कब गई। नौजवानी की दहलीज पर कदम रखने से पहले ही जवानी दामन छोड़ देती है। खेलकूद, हुड़दंगबाजी या मीलों तक भागे

चले जाना अब कहाँ। अब तो बचपन में इलैक्ट्रॉनिक वीडियो गेम या कॉमिक्स और घटिया साहित्य उसका मनोरंजन है। बड़ा हुआ तो टेलीविजन पर परोसी जाने वाली गंदगी या फिर क्रिकेट मैच में लगे चौके-छक्कों के साथ चिल्लाना, उछलना, ताली बजाना और सीटी बजाकर खुशी प्रकट करना उसके मनोरंजन के साधन हैं। दिन भर रोटी का जुगाड़ भिड़ाते काम व ट्रैफिक की धूल में अटी जिंदगी, चेहरे पर हताशा और निराशा की मोटी लकीरें जवानी को उभरने ही नहीं देती। दिमाग में बैठी हुई सुन्दर जीवन जीने की कुण्ठा तथा टीवी पर परोसे जाने वाले सुन्दर सपने या तो घुट-घुट कर मरने पर मजबूर करते हैं, या फिर अपराध करने पर। ऐसे में युवा को होश कहाँ कि खेलकूद क्या है?

अगर खेलकूद चरित्र को उज्जवल बनाने के लिए या सुन्दर भविष्य का निर्माण करने तथा समाज के प्रति सही दृष्टिकोण बनाने में इतना मददगार, सहायक या सक्षम न होता, तो अमेरिका के शिकागो शहर में सन् 1886 में मजदूरों के आंदोलन में 8 घंटे काम, 8 घंटे आराम की मांग के साथ-साथ 8 घंटे मनोरंजन व खेलकूद की मांग बिल्कुल न रखी जाती, जो कि उनकी बेहद जरूरी मांग थी जिसमें अल्बर्ट पारसंस, फिसर, ऐंजेल्स, इस्पाईस जैसे महान बुद्धिजीवी व सर्वहारा क्रान्ति के महानायक फांसी पर चढ़ा दिए गए तथा हजारों लोग गोली के शिकार तथा लाखों की गिरफ्तारी होने के बाद भी उन्होंने हार नहीं मानी। बेधड़क कुर्बानियाँ देते हुए, अपने खूनी कपड़ों को हवा में लहराते हुए एक मई को जीत का जश्न मनाया। इस तरह एक मई केवल मजदूर दिवस ही नहीं खेलकूद व मनोरंजन दिवस भी है।

ऊपर की लाइनों में सुन्दर जवानी और खेलकूद के महत्व पर इसलिए जोर दिया जा रहा है कि खेलकूद व व्यायाम, योग तथा ध्यान हर बच्चे-बूढ़े और नौजवान, स्त्री-पुरूष की जरूरत है। खेलकूद ही ऐसा साधन है जिसके द्वारा उज्जवल भविष्य, सुन्दर दिमाग, प्यार-प्रेम तथा भाईचारे की भावना तथा समाज के प्रति सही दृष्टिकोण अपनाने के गुण पैदा होते हैं।

आसानी से कठिनाइयों से पार हो जाना तथा बीमारियों से बचे रहना, हर समय हंसमुख और खिला हुआ चेहरा इसके मुख्य लक्षण हैं। दमदार जिन्दगी इसकी असली पहचान है।

जवानी को पकड़े रखें

इस दमघोटू जिन्दगी में अगर दामन छोड़ती जवानी को पकड़े रखना है तो व्यायाम सबसे अच्छा तरीका है। भारत की वर्षों पुरानी मान्यता है कि व्यायाम और योग की शक्ति शरीर की रोग प्रतिरोधक क्षमता को बढ़ाकर माँसपेशियों को लम्बे समय तक जवाँ बनाए रखने में मददगार होती है।

व्यायाम से स्वयं को चुस्त-दुरुस्त रखने की भारत की वर्षों पुरानी यह मान्यता एक अध्ययन के बाद अब पश्चिमी देशों के गले उतरी है। अध्ययन के मुताबिक व्यायाम करने से अधेड़ों की रक्त वाहनियाँ फिर से पहले की तरह मजबूत और दमदार हो जाती हैं और उन पर उम्र का प्रभाव कम दिखने लगता है। जैसे-जैसे किसी व्यक्ति की उम्र बढ़ती है। उसकी रक्त वाहनियाँ ज्यादा सख्त और संकरी होने लगती हैं। इस कारण उनमें रक्त का प्रवाह सुगमता से नहीं हो पाता और उच्च रक्तचाप तथा हृदय रोग की परेशानियाँ उभरने लगती हैं। एक अध्ययन के मुताबिक बुजुर्ग अगर व्यायाम करें, तो उन पर उम्र का असर आसानी से नहीं झलकता।

कराटे से सम्बन्धित एक अध्ययन के मुताबिक जब बुजुर्गों को कराटे सिखाया गया, तो उनका रक्त प्रवाह सुगमता से होने लगा। उच्च रक्तचाप तथा हृदय रोग की परेशानियाँ एक हद तक खत्म हो गई। शरीर हमेशा तरोताजा रहने लगा और पहले से कार्य करने की क्षमता बढ़ गई। जब बुजुर्गों द्वारा कराटे सीखने से उनके शरीर पर इतना अच्छा प्रभाव पड़ सकता है, तो कम उम्र के व्यक्तियों पर कराटे का कितना अच्छा प्रभाव पड़ेगा, यह आप अच्छी तरह जान सकते हैं। इसलिए कराटे ही एकमात्र ऐसा साधन है या रास्ता है जिसका आपके शरीर पर सकारात्मक प्रभाव पड़ेगा, जो आपकी जवानी को पकड़े रखेगा।

भोजन

- भोजन शरीर का साधक है। अच्छे, पौष्टिक और विटामिन तथा खनिज लवणों युक्त, जल्दी पचने वाला आहार उचित मात्रा में ग्रहण करने से ही शरीर स्वस्थ रह सकता है। भोजन ताजा ही खाना चाहिए, यदि बनाकर रखना ही पड़ जाये तो उसे स्वच्छ स्थान पर ढक कर रखें और जब खाना पड़े तो उसे थोड़ा गर्म कर लेना चाहिए।

- बाजार की खुली वस्तुएं, जिन पर मक्खी, मच्छर आदि बैठते हों, नहीं खानी चाहिए।

- जब पूरी भूख हो तभी भोजन करना चाहिए। भोजन करने के बाद थोड़ी देर आराम कर लें या बाई करवट लेट जाएं, इससे पाचन क्रिया सुविधाजनक होगी। भोजन अच्छी तरह हाथ-मुँह धोकर खाना चाहिए।

- भोजन करते समय पूरा ध्यान भोजन की तरफ रखें और स्वाद लेकर खाएं। भोजन करते हुए अखबार पढ़ना, पुस्तक पढ़ना, टी.वी. देखना या अन्य कोई काम करना भोजन पचाने में रूकावट पैदा करता है।

- भोजन चबा कर खाएं। भोजन करते समय पानी न पियें।

- उत्तेजक पदार्थों (शराब आदि) की सहायता से भोजन न करें। अधिक मिर्च,मसाले, चाय, काफी आदि पेय पदार्थों का सेवन भी भूख लगने नहीं देता और पाचन क्रिया बिगाड़ देता है, हमें हमेशा शरीर के लिए वृद्धिकारक, ऊर्जा उत्पादक तथा रक्षात्मक गुण पैदा करने वाला आहार ही लेना चाहिए।

(1) गुणकारक प्रोटीनः- यह दालों, दूध, मटर, सोयाबीन, मूंगफली, अखरोट, अंडे, मछली और मांस में पाई जाती है।

(2) कैल्सियमः- यह दूध, अंडे, अनाज, हरे साग, गाजर और आंवला में पाया जाता है।

(3) फास्फोरसः- यह अंडे की जर्दी और दूध में पाया जाता है।

(4) लोहाः- यह गुड़, पालक, बथुआ, सरसों आदि हरे सागों, सेब तथा बैंगन व अंडे की जर्दी में पाया जाता है।

(5) गुण कार्बोज:- यह गेहूँ, चावल, जौ, बाजरा, मक्का, अखरोट, आलू, शक्कर, शहद, मीठे फल, केला आदि में पाया जाता है।

(6) वसा:-यह मक्खन, घी, तेल, चर्बी, मांस, बादाम, पिस्ता आदि में रहती है।

(7) गुण विटामिन:- यह फल, दूध, दही, ताजी सब्जियाँ, दालों के छिलके और अंकुरित अनाजों में पाया जाता है।

विटामिन:- यदि विटामिन का जिक्र आ गया है तो साथ में खनिज लवण की भी बात कर लेते हैं। अगर विटामिन शरीर के लिए बहुत उपयोगी तत्व है, तो खनिज लवणों का भी उतना ही महत्व है। पहले हम विटामिन के बारे में बात कर रहे हैं। विटामिन स्वास्थ्य के लिए नितांत आवश्यक है। विटामिन युक्त आहार लेने से हमारे शरीर में संतुलन बना रहता है और अंग स्वस्थ रहते हैं। इनकी कमी से कई प्रकार के रोग हो जाते हैं। भोजन पचाने और शरीर को शक्ति देने में यह बहुत आवश्यक है। विटामिन कई प्रकार के होते हैं जैसे:- विटामिन ए, बी, सी, डी, ई और के।

(1) विटामिन 'ए':- प्राप्ति के साधन:- दूध, मक्खन, अंडा, हरी साग-सब्जियां, गाजर, टमाटर, ताजे फल विशेषकर पपीता, आम, मछली, काजू, बादाम तथा अखरोट

(2) विटामिन 'बी':- इसमें विटामिन बी-1, बी-2, बी-3, बी-4, बी-6 और बी-12 शामिल हैं।

प्राप्ति के साधन:- चावल की भूसी, चोकर, दालों के छिलके, हरी सब्जियों के छिलके, गाजर के छिलके, सोयाबीन, खमीर, अंकुरित अनाज, अंडे की जर्दी, पनीर, मूंगफली आदि में पाया जाता है।

फोलिक एसिड:- इसे फोलिसिन भी कहते हैं। यह रक्त कणों के निर्माण में सहायक है।

प्राप्ति के साधन:- खमीर, अंकुरित अनाज, पालक, प्याज, गाजर, आलू, संतरा, दूध, पनीर आदि।

(3) विटामिन 'सी' प्राप्ति के साधन:- विटामिन सी शरीर में रोग प्रतिरोधक क्षमता को बढ़ाता है। इससे न सिर्फ शरीर स्वस्थ रहता है, बल्कि इसके सेवन से आप दीर्घायु भी होंगे। यह विटामिन सबसे अधिक नीबू, आंवला, संतरा, अमरूद, अंकुरित अनाज, हरे पत्तेदार साग, सलाद के पत्ते, चुकंदर, पपीता, टमाटर, करेला, हरी मिर्च, शलगम आदि में पाया जाता है। आंवला इसका

सर्वोत्तम भण्डार है। इसका विटामिन 'सी' कभी नष्ट नहीं होता।

(4) विटामिन 'डी':- यह रक्त में कैल्सियम की मात्रा को नियमित रखता है।

प्राप्ति के साधन:- सबसे अच्छा विटामिन 'डी' का स्रोत धूप है। वैसे यह मछली के तेल (काडलिवर ऑयल), दूध, मक्खन, अंडे आदि में भी पाया जाता है।

(5) विटामिन 'ई':- इसे गर्भ संस्थापक विटामिन भी कहते हैं।

प्राप्ति के साधन:- इसकी प्राप्ति का स्रोत गेहूँ के अंकुर और उसमें से निकले तेल हैं। गेहूँ का दलिया अति महत्वपूर्ण है। सोयाबीन, बिनौला और नारियल तेल में भी कुछ-कुछ विटामिन 'ई' पाया जाता है। यह अंकुरित अनाजों, घी, ताजा मक्खन, टमाटर, अंगूर, सूखे मेवों, गाजर आदि में भी इसकी कुछ मात्रा पाई जाती है। इसकी दैनिक खुराक 15-20 मिग्रा. होनी चाहिए।

(6) विटामिन 'के':- यह विटामिन सूर्य ताप और प्रकाश से नष्ट हो जाती है। पर यह आतों में निर्मित होता रहता है, इसलिए इसकी आवश्यकता बहुत कुछ खुद पूरी होती रहती है।

प्राप्ति के साधन:- हरी साग-सब्जियों में पाया जाता है। इसके अलावा गोभी, मक्खन, अंडे की जर्दी, आलू, सोयाबीन और टमाटर में भी कुछ-कुछ मात्रा में होता है।

खनिज लवण

'शरीर-यंत्र' के परिचालक में खनिज लवणों का बहुत बड़ा हाथ है, जैसे शरीर की मांसपेशियों और स्नायुओं की कार्यक्षमता को बनाये रखना, हृदय को नियमित गति देना। खनिज लवणों का इतना महत्व है कि यदि भोजन इन लवणों से रहित हो, तो कोई भी 20-25 दिन से अधिक जीवित नहीं रह सकता। ये लवण दाँत और हड्डियों में विशेष रूप से रहते हैं। परन्तु प्रत्येक जीवकोश में भी प्रत्येक लवण सूक्ष्म रूप से रहता है। इन खनिज लवणों को शरीर भोजन के द्वारा ग्रहण करता है।

मनुष्य के शरीर में कैल्शियम, फास्फोरस, सोडियम, पोटेशियम, लोहा, आयोडीन, गंधक और मैग्नीशियम के यौगिक प्रधान खनिज लवण होते हैं। थोड़ी मात्रा में मैगनीज, ताँबा, जस्ता, कोबाल्ट, फ्लोरीन, क्लोरीन, जिंक, सीसा आदि भी रहते हैं।

प्राप्ति के साधन:- दूध, तिल, पालक, मेथी, चौलाई, सोयाबीन, सूखे मेवे,

आंवला, गाजर, अंडे, पनीर, चना, सलाद के पत्ते, हरे साग, सभी दालों, नमक, गेहूँ, चावल, मक्का, बाजरा, जड़ वाली सब्जियां, छाछ, धनियाँ, पुदीना, चोकर, चावल की भूसी, फालसे, सेब, चुकंदर, बैंगन, काले तिल, अदरक, जल तथा मछली के तेल, अखरोट, आलू, चिकन, गेहूँ के अंकुर, मसूर, सेम की फली, मूंगफली, काजू, बादाम, मगज, केला तथा नाशपाती, खीरा, टमाटर, खजूर आदि चीजों में मिलते हैं।

सभी खनिज लवण पानी में घुल जाते हैं। जब सब्जी को छील कर या काटकर धोते हैं या उबालकर उनका पानी फेंक देते हैं, तो सारे लवण पानी में बह जाते है। इसलिए यह अच्छा है कि हरी सब्जियों का कच्चा रस और ताजे फलों का रस लें, जिसमें आवश्यक सभी खनिज समुचित मात्रा में शरीर को मिल सकें।

लेकिन इस सुपरफास्ट लाइफ में इस बात का ख्याल तक नहीं रहता कि क्या अच्छा है और क्या बुरा है? जो सामने आता है बस उसे पेट भरने या भूख टालने के लिए खा लिया जाता है। चाहे उसका जो भी नफा-नुकसान हो। सुबह से सांय तक भागदौड़ की जिन्दगी में ज्यादातर समय ब्रैड पकौड़ा, समोसा, इडली, नुडल, चाऊमीन, पिज्जा, सैण्डविच, पेटिज, बर्गर या इससे भी हल्का बतायें तो चिप्स, कुरकुरे और कोल्ड ड्रिंक जैसी मिलती-जुलती चीजें खाकर या तो आप बर्गर हो गए हैं या फिर चिप्स, कुरकुरे जैसे। आप एक तो मीठा और चटपटा जहर खाते हैं ऊपर से पार्टीनुमा जश्न मनाते हैं। आपको अपने कीमती जीवन को नष्ट करने की जान-बूझकर आदत सी पड़ी हुई है। अगर आपको अपने जीवन से जरा सा भी प्यार है, तो इन सभी चीजों को छोड़ देना होगा।

...और अंत में

पत्थर को मोम कहने या मोम को पत्थर कहने भर से उनकी तासीर नहीं बदल जाती। कहने का आशय है कि सिर्फ मेरे तारीफ कर देने भर से कराटे ‘महान’ कला नहीं हो जाएगी। करोड़ों लोगों ने इस कला को अपने जीवन में उतारकर शानदार अनुभव बटोरे हैं। आप भी इन अनुभवों से गुजरना चाहते हैं, तथ्यों को सच की कसौटी पर कसना चाहते हैं और चाहते हैं जीवन को ‘जिंदादिली के साथ जीना, तो आपका स्वागत है...।

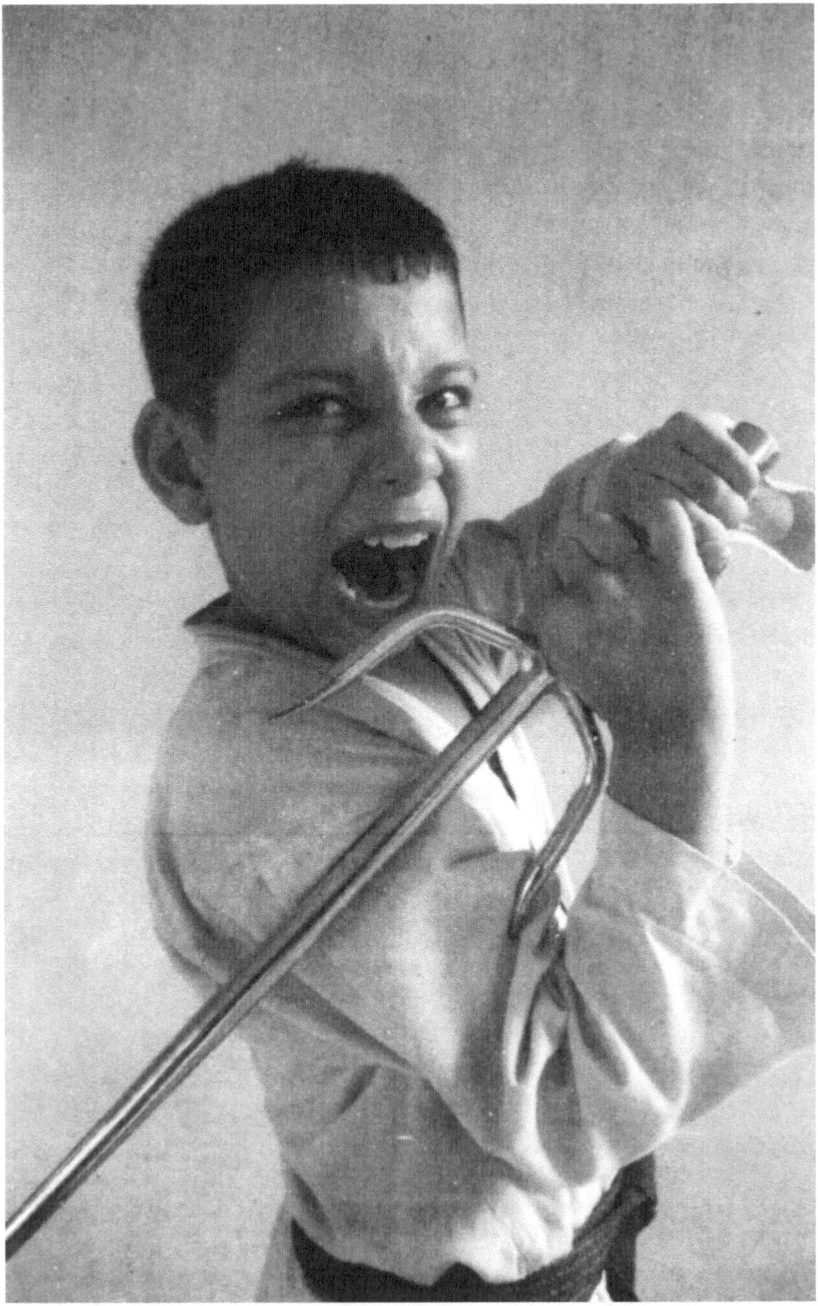